Südtirol

von Elisabeth Schnurrer

10 ADAC Top Tipps

Das müssen Sie gesehen haben! Die zehn Top Tipps bringen Sie zu den absoluten Highlights.

25 ADAC Empfehlungen

Unterwegs gut beraten: Diese 25 ausgesuchten Empfehlungen machen Ihren Urlaub perfekt.

Preise für ein DZ mit Frühstück:
€ | bis 100 €
€€ | bis 180 €
€€€ | ab 180 €

Preise für ein Hauptgericht:
€ | bis 15 €
€€ | bis 35 €
€€€ | ab 35 €

3-mal draußen

1 Großes Kino am Roten Fels

Ein Südtiroler »Knott« ist einfach ein Fels, das Knottnkino zwischen Vöran und Hafling ist also ein Felsenkino. Dafür gestaltete der Künstler Franz Messner einen Aussichtspunkt am Rotsteinknott. In weitem Cinemascope liegt hier das gipfelgerahmte Etschtal vor dem Betrachter. Gleiches gibt's am Beimstein und Timpfler Knott, alle entlang des Rundwanderwegs.

■ Rundwanderweg Knottnkino, 11,7 km, 470 Hm, ca. 4 Std., ab/an Bergstation Seilbahn Burgstall-Vöran (einfach 6 €, Berg- und Talfahrt 10 €), www.hafling.com/knottnkino

2 Autofrei aufs Stilfser Joch

Die ganze Straße, alle 48 Kehren hinauf zum Stilfser Joch (S. 112) gehören beim »Stelviobike« den Radfahrern, kein Auto, kein Motorrad weit und breit. Denn am Biketag am Stilfser Joch ist die SS 38 della Stelvio ab Trafoi bis zum 2757 m hoch gelegenen Pass von 8–16 Uhr für den motorisierten Verkehr gesperrt. Eine Anmeldung ist nicht nötig; wer mag, kann einfach mitfahren.

■ 1. So im Sept. (Ausweichtermin letzter So im Aug.), 51,9 km, 1869 Hm, Ø Steigung 9–11 %, max. 15 %, www.stelviobike.com

3 Entdecke den Ötzi in dir

Am Tisenjoch in den Ötztaler Alpen entdeckten Bergwanderer 1991 die Gletschermumie von »Ötzi«, dem 5000 Jahre alten »Mann aus dem Eis«. Nicht weit davon können heute im Schnalstal Ötzi-Fans im archeoParc ihre jungsteinzeitlichen Skills erproben. Jung und Alt sind eingeladen, in dem archäologischen Aktivmuseum Aspekte des damaligen Lebens hands-on zu erfahren: Brotbacken, Weben, Filzen, Korbflechten, Töpfern, Bogenschießen und vieles mehr. ▶ S. 106, www.archeoparc.it

Intro

ADAC Quickfinder

Unterwegs

Zu diesen Orten und Sehenswürdigkeiten finden Sie Detailkarten im Innenteil des Reiseführers.

Service

Alle wichtigen reisepraktischen Informationen – von der Anreise über Notrufnummern bis zu den Zollbestimmungen.

Umschlag:

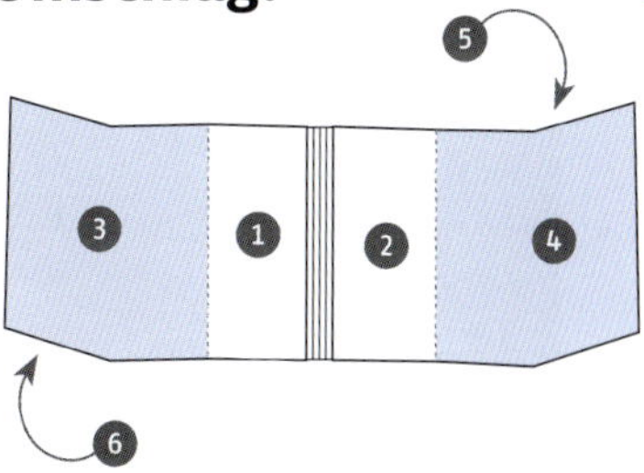

ADAC Top Tipps: Vordere Umschlagklappe, innen 1

ADAC Empfehlungen: Hintere Umschlagklappe, innen 2

Übersichtskarte Südtirol (West): Vordere Umschlagklappe, innen 3

Übersichtskarte Südtirol (Ost): Hintere Umschlagklappe, innen 4

Stadtplan Bozen: Hintere Umschlagklappe, außen 5

Ein Tag in Bozen: Vordere Umschlagklappe, außen 6

Sonnenverwöhnte Urlaubsregion für Genießer

Südtirol vereint den erhabenen Ernst der Berge mit der lebendigen Leichtigkeit des Südens

Grandiose Aussichten garantiert: Wandern im Naturpark Puez-Geisler

Südtirol ist ein »Renner« unter den Reisezielen, jedes Jahr besuchen fünf bis sechs Millionen Gäste die vielfältige italienische Region auf der Alpensüdseite. Besonders unter Gästen aus Deutschland, Österreich und der Schweiz ist Südtirol als überwiegend deutschsprachiges Urlaubsziel sehr beliebt. Gleichzeitig merkt man an vielen Dingen des täglichen Lebens, vor allem aber am milden Klima und der verlässlich scheinenden Sonne bereits deutlich südlichen Einfluss.

Hinaus in die Natur

In den Südtiroler Bergen finden Aktivurlauber sommers wie winters reichlich Gelegenheit, die Natur in vollen Zügen zu genießen. Nicht weniger als sieben Naturparks und ein Nationalpark sind in den Südtiroler Alpen und Dolomiten ausgewiesen, einige gehören sogar zum Unesco-Weltnaturerbe Dolomiten. Wanderer und Mountainbiker schätzen Höhenwege und Pfade, etwa entlang alter Bewässerungskanäle auf sogenannten Waalwegen um Meran oder auf den Hochebenen, gerade auch in stilleren Seitentälern wie dem Ridnaun-, Antholzer oder Langtauferer Tal.

Wintersportler jeder Art haben die Qual der Wahl zwischen den perfekt präparierten Pisten, Loipen und Routen an Kronplatz und Meran 2000, am Ritten, auf dem Salten sowie vor allem in der Sella- und Ortlerregion.

Straßenrad- und Motorradfahrern scheinen die kurvenreichen Passstraßen etwa über den Jaufenpass oder zum Stilferjoch geradezu paradiesisch. Aber auch individuellere Sportarten sind möglich, vom Gleitschirmfliegen auf der Seiser Alm bis zum Kajakfahren am Reschensee.

Charaktervolle Städte und traditionsbewusste Dörfer

Ähnlich vielfältig präsentieren sich die Ortschaften. Urban geht es in den beiden großen Städten Südtirols zu, geschäftig in der Landeshauptstadt Bozen, beschaulich und immer noch ein wenig mondän im Kurort Meran. Einen ähnlichen Hintergrund als beliebte k. u. k.-Sommerfrische hat das ruhigere Gossensass. Alte Kaufmannszentren wie Sterzing, Bruneck, Auer

Lebendiges Treiben in der Bozner Laubengasse (unten) – Malerische Idylle am Reschenstausee (ganz unten)

> »*Bei heiterem Sonnenschein kam ich nach Bozen [...]. Alles hat hier schon mehr Kraft und Leben [...] und man glaubt wieder an einen Gott.*«
>
> *Johann Wolfgang von Goethe, September 1786, zu Beginn seiner »Italienischen Reise«*

oder Schlanders sind noch heute größer als die Dörfer ringsum. Diese punkten mit eigenen Besonderheiten wie etwa das Apfeldorf Natz, in dem alljährlich die Apfelkönigin gekrönt wird, das Marmordorf Laas im Vinschgau oder das für seine Pferdezucht bekannte Hafling. Ganz zu schweigen von den zahlreichen Weindörfern, von Klausen bis Kastelbell und Kaltern am See.

Land der Burgen und Schlösser

Die Berge bilden eine ideale Kulisse für rund 800 Burgen, Schlösser und historische Ansitze, die in Südtirol so malerisch viele Anhöhen zieren. Einige sind schon dem Namen nach sehr bekannt: Burg Taufers, Rodenegg oder Hocheppan, das »Messner-Schloss« Juval oder Schloss Tirol, nach dem das Land benannt wurde. Aber auch kleinere lohnen den Besuch. Beliebte Ausflugsziele sind sie alle, zumal wenn sie mit so besonderen Attraktionen aufwarten können wie Schloss Trauttmansdorff in Meran mit seinen berühmten Terrassengärten oder Schloss Runkelstein oberhalb von Bozen mit seinen anmutig-zarten romanischen Fresken.

Kunst und Kultur allerorten

Was romanische Wandmalereien angeht, ist Südtirol ein schier unerschöpfliches Schatzkästchen. Kirchen und Klöster sind reich geschmückt, angefangen vom fürstbischöflichen Domkreuzgang in Brixen bis hin zu dem äußerlich so unscheinbaren St. Jakob in Kastelaz am Weinhang über Tramin mit seinem aberwitzigen Bestiarium an

Umgeben von Bergpanoramen laden viele Buschenschänken zum Verweilen ein

der Chorwand. Meisterliche Altäre von Jörg Lederer und Hans Schnatterpeck sind in Latsch und Niederlana zu bewundern, hoch über Tälern und Orten prangen beeindruckende Klöster wie Säben oder Marienberg. Dazu kommen mehrere spannende Museen: In Bozen kann man Ötzi, dem über 5000 Jahre alten Mann aus dem Eis, einen Besuch abstatten, in Naturns dem Geheimnis des schaukelnden St. Prokulus auf die Spur kommen.

Wein- und Genussland

Aktuell zeichnen 26 Sterne und 139 Hauben die Südtiroler Küchenmeister aus, nicht schlecht für ein Land mit gerade mal 532 000 Einwohnern. Klassiker der lokalen Küche sind Speck-, Press- und Schwarzplentene (Buchweizen-) Knödel, oft auch in der Spinat- oder Marillenvariante. Ebenfalls bekannt sind Schlutzkrapfen, Gerstsuppe und Apfelstrudel sowie als Brotzeit eine zünftige »Marende«.
Am besten passt zu den regionalen Köstlichkeiten ein Glas guter Südtiroler Wein. Im »Weindreieck« zwischen Eisacktal im Norden, Weinstraße an der Salurner Klause im Süden und dem Vinschgauer Sonnenhang gedeihen die Weine besonders gut.

Touristische Infrastruktur

Südtirol ist gut erschlossen, seine Täler ebenso wie seine Bergeshöhen. Durch die einen führen gut ausgebaute Straßen, auf die anderen Seilbahnen und Lifte. Ein verlässliches Netz an Bus- und Bahnlinien macht es Besuchern zudem leicht, im Urlaub das Auto einmal stehen zu lassen. Außerdem sind die Südtiroler ein gastliches Volk. Ihre Gäste sind eigentlich überall gut untergebracht und herzlich willkommen.

Landeshauptstadt *Bozen*

Sprachen *Amtssprachen sind Italienisch und Deutsch, teils auch die anerkannten Minderheitensprachen Ladinisch, Fersentalerisch und Zimbrisch.*

Währung *Euro*

Verwaltung *Autonome Provinz Bozen-Südtirol/Bolzano-Alto Adige in der autonomen Region Trentino-Alto Adige*

Fläche *7400 km², das ist etwa so groß wie der Schwarzwald. Nur 6 % sind besiedelbar, davon ist knapp die Hälfte bereits verbraucht.*

Einwohner *533 000, etwa so viele wie Hannover*

Tourismus *Jährlich rund 7,9 Mio. Urlaubsgäste und 34 Mio. Übernachtungen (2022)*

Religion *Überwiegend römisch-katholisch*

Sonnentage *300 pro Jahr, das sind so viele wie auf Kreta*

Südtiroler Superlative *Wärmster Badesee der Alpen (Kalterer See) und größte Hochalm Europas (Seiser Alm)*

Exportschlager *Jeder 10. europäische Apfel wächst in Südtirol, das pro Jahr rund 950 000 Tonnen Äpfel produziert*

Radwege *Gut 500 km, also mehr als 1440 Runden um ein Fußballfeld*

Das will ich erleben

Südtirol ist eine kleine Region mit großen Attraktionen. Das fängt im wörtlichen Sinn bei den Bergen an, unter denen so mancher Dreitausender dem Himmel ganz nah kommt. Auch für die herzliche Gastlichkeit, für ausgezeichnetes Essen und hervorragende Weine ist die sonnenverwöhnte Urlaubsregion bekannt. Ganz zu schweigen von ihren zahlreichen Burgen und prächtigen Schlössern, den reich geschmückten Kirchen und stattlichen Klöstern, den einladenden Einkaufsstraßen und den ungewöhnlichen Museen, die Gäste so gern bei Spaziergängen, Wander- oder Radausflügen erkunden.

Weinseligkeit

Jedes Jahr produzieren die Südtiroler Weinbauern rund 40 Mio. Flaschen. Leichte Eisacktaler Weißweine können etwa in der traditionsreichen Stiftskellerei von Kloster Neustift verkostet werden. In und um Terlan entstand vor mehr als 120 Jahren die erste Kellereigenossenschaft Südtirols, und nach Tramin an der Weinstraße ist sogar ein eigener Wein benannt.

Burgenromantik

Kaum ein Hügel und sicher kein Tal in Südtirol, die nicht von einer Burg bewacht wären. Die meisten sind sogar gut erhalten. Zu den schönsten gehören Burg Taufers im Pustertal, Burg Hocheppan nahe Bozen, Schloss Tirol bei Meran und die Churburg hoch über Schluderns.

Kirchenschätze

An Kirchen und Klöstern herrscht kein Mangel im volksfrommen Südtirol, oft sind sie großartig geschmückt. Stellvertretend für viele seien hier genannt der reich ausgemalte Domkreuzgang in Brixen, der meisterlich geschnitzte Lederer-Altar in einer Kapelle in Latsch und die romanischen Fresken von St. Prokulus in Naturns.

Gipfelglück

Alpen und Dolomiten bestimmen in weiten Teilen das Bild Südtirols. Ein herrlicher Anblick ist zum Beispiel der im Abenddämmer rotgolden glühende Rosengarten. Markant sind auch die Dolomitenzacken der Sextner Sonnenuhr, und der Ortler gilt gar als »König« Südtirols.

Traditionspflege

Traditionsbewusst pflegen die Südtiroler ihr kulturelles Erbe. Das kann handfest sein wie das Schnitzen im Grödner Tal oder eher immateriell in Form überlieferter Bräuche und Feste wie der archaische Egetmann-Umzug in Tramin. Uralte Wurzeln hat auch der alljährliche Schaftrieb, die Transhumanz, im Passeier- und Schnalstal.

Einkaufslust

Niemand muss in Südtirol die Freuden des Stadtlebens vernachlässigen. Bozen etwa ist für sein Shoppingangebot bekannt. Merans Altstadt lädt ein zum entspannten Einkaufsbummel. Die etwas kleinere Fußgängerzone von Schlanders übernimmt diese Rolle für das Vinschgau.

Zeitreisen

Mancherorts scheint die Zeit stehen geblieben zu sein. In Sterzing etwa wird das Mittelalter der Kaufleute lebendig, eher bäuerlich geprägt zeigt sich das aus dieser Zeit vollständig erhaltene Städtchen Glurns. Gar in der k.u.k.-Zeit könnte sich wähnen, wer in Meran durch die mediterrane Blütenpracht der Trauttmansdorffer Gärten flaniert.

Bewegungsdrang

Ein kleiner Spaziergang oder doch lieber eine Bergtour auf Schusters Rappen oder mit dem Mountainbike? Abfahrtsski, Langlaufen, Schneeschuhwandern? Das alles und noch viel mehr können Aktivurlauber etwa im Naturpark Puez-Geisler, entlang des Marlinger Waalwegs oder auf der Sellaronda um die Sellagruppe erleben.

Horizonterweiterungen

Ungewöhnliche Menschen treffen, Neues erfahren, die Welt mit anderen Augen sehen – all das kann man in den Südtiroler Museen. Dafür empfehlen sich besonders das Südtiroler Archäologiemuseum, eines von sechs Messner Mountain Museen und das Südtiroler Weinmuseum in Kaltern an der Weinstraße.

Freudenfeste

Die Südtiroler feiern die Feste, wie sie fallen – und laden ihre Urlaubsgäste herzlich dazu ein. Erleben Sie Musik und Tanz, Essen und Trinken beim Oswald-von-Wolkenstein-Ritt auf der Seiser Alm, bei der Sarner Kirchweih in Sarnheim oder dem Straßenfest Marmor & Marillen in Laas.

Genießerfreuden

Knödel, Speck, Apfelstrudel ... auch die moderne sterne- und haubenreiche Südtiroler Küche hält die Tradition hoch. Feinschmecker finden Kostproben z. B. auf dem Nussbaumerhof im ruhigen Nauders über Mühlbach ebenso wie in der Gaststube Zum Löwen in Tisens oder im Martelltal im Burgauner Hof.

Unterwegs

Unterhalb der Seiser Alm und inmitten grüner Wiesen steht überaus fotogen die kleine Kirche St. Valentin, hinter der das imposante Felsmassiv des Schlern aufragt.

Eisacktal – über die Alpen nach Süden

Klassische Route nach Südtirol über den Brenner und entlang des Flusses Eisack durch Europas imposantes Hochgebirge

Beidseits des 1370 m hohen Brennerpasses, in Österreich wie in Südtirol, heißt die von der Natur vorgegebene Wegschneise durch die Alpen noch Wipptal. Es bietet Platz für diverse Verkehrswege: eine Eisenbahntrasse, die kurvenreiche »alte Brennerstraße« SS12, oft auf Stelzen darüber die vierspurige Brennerautobahn A13/E45 und nicht zuletzt für den Gebirgsfluss Eisack, der dem Tal schon bald seinen Namen gibt. Unterwegs nach Süden finden Reisende bereits erste Schönheiten ihres Gastlandes vor: traditionsreiche alte Bergbauzentren, Luftkurorte und Handelsstädte, reiche Klöster, Kirchen und Kapellen und vor allem eine überwältigende Natur. Die zeigt sich in fruchtbaren Obstgärten ebenso wie in der atemberaubenden Bergwelt der Alpen oder, schon am Horizont erkennbar, den Dolomiten.

Auch in punkto Urlaubsvergnügen zeichnet sich bereits die ganz Palette Südtiroler Attraktionen ab. Diese umfasst Bergwanderungen und Klettersteige ebenso wie Schaubergwerke und Schnitzaltäre. Vor allem aber verraten grandiose Skigebiete und leckere Regionalküche dem Erholungsuchenden: Ziel erreicht.

In diesem Kapitel:

ADAC Top Tipps:

1 **Sterzing**
| Stadtbild |
Zinnen, Erker, Laubengänge – die historische Neustadt besticht als malerisches Gesamtensemble, überwacht vom stolzen Zwölferturm. ... 19

2 **Brixner Domkreuzgang**
| Fresken |
Bibel-Bilderbuch aus dem 14. und 15. Jh. an den Wänden und Gewölbedecken im Kreuzgang des barocken Prachtdoms. ... 29

ADAC Empfehlungen:

1 Gossensass
Colle Isarco

Tor nach Südtirol und ins versteckte, weitgehend ursprüngliche Pflerschtal

Information

■ Info Gossensass Tourismus, Ibsenplatz 2, 39040 Gossensass, Tel. 0472/63 23 72, www.gossensass.org

Im 15. und 16. Jh. machten reiche Silberadern aus Gossensass ein kleines Bergbauzentrum. Geradezu weltläufig ging es zu, als im späten 18. und frühen 19. Jh. allerlei Prominenz in dem Alpendörfchen die gute Bergluft und in den Thermalquellen von Brennerbad Heilung suchte. Der norwegische Dramatiker Henrik Ibsen (1828–1906) besuchte gleich mehrmals die damalige k. u. k.-Sommerfrische. Eine kleine Ausstellung im Rathaus erinnert daran.
Gossensass' Stern sank mit Beginn des Ersten Weltkriegs, doch haben sich in dem Marktflecken, heute Sitz der Gemeinde Brenner, etliche Gründerzeitbauten erhalten. Von hier zweigt außerdem das von schneebedeckten Gipfeln geprägte Pflerschtal nach Westen ab. Der 3097 m hohe Pflerscher Tribulaun am Talende über Innerpflersch gilt als einer der besten Kletterberge der Stubaier Alpen, südlich bietet das Gebiet um Ladurns reichlich Wanderwege und Wintersportgelegenheiten.

ADAC Spartipp

Mit der **mobilCard** sind Sie in ganz Südtirol günstig mit öffentlichen Verkehrsmitteln unterwegs. Sie ist als Tagesticket oder für drei oder sieben Tage erhältlich. Erweiterungen wie die museumobil Card (S. 135) oder die bikemobil Card (S. 131) bieten zusätzliche Vorteile.
www.suedtirolmobil.info

Verkehrsmittel

Bergbahnen Ladurns Vier kleinere Lifte führen hinauf in das familienfreundliche Wander- und Skigebiet auf der Ladurnser Alm. Gemeinsamer Pass im Skiverbund Südtiroler Wipptal, u. a. mit der Sterzinger Rosskopfbahn. ■ Pflersch 94, Gossensass, Tel. 0472/77 05 59, www.ladurns.it, Anf. Dez.–Anf. April tgl. 8.30–16.30, Anf. Juni–Anf. Okt. tgl. 9–17 Uhr, Bergfahrt 12 €, erm. Kinder/Senioren 8/11 €, Berg- und Talfahrt 17 €, erm. 12/15 €, Skipass Hauptsaison (Ende Dez.–Mitte März) ab 52 €/Tag, erm. 36/47 €.

Schnurgerade verläuft Sterzings charmante Fußgängerzone bis zum Zwölferturm

Restaurants

€€ | Gasthof Moarwirt In dem Traditionsgasthaus im Ortszentrum lassen frische Forellen, Lamm und andere »Eisacktal-Kost« aus heimischer Produktion keine Wünsche offen. ■ Romstr. 11, Tel. 0472/632324, www.moarwirt.com, Di geschl.

2 Sterzing
Vipiteno

1 *Malerische Neustadt mit Erker- und Laubenhäusern*

Information

■ Tourismusverein Sterzing, Stadtplatz 3, 39049 Sterzing, Tel. 0472/765325, www.sterzing.com

Eine 7000-Seelen-Gemeinde, und doch wirkt der regionaltypisch lang gestreckte Hauptort viel größer. Denn hier machten und machen, kaum dass das Wipptal südlich des Brenners etwas Raum lässt, fast alle Reisenden Halt.

Im 15. Jh. blühte Sterzing als Bergbau-, Handels- und Dienstleistungszentrum. Dazu trugen geschäftstüchtige Kaufleute maßgeblich bei, einheimische ebenso wie vor allem die Augsburger Fugger. Nach einem verheerenden Brand im Jahr 1443 bauten sie die gesamte südliche Stadthälfte mit großzügigen Warenlagern und mehrstöckigen Stadthäusern prächtig wieder auf. Daher heißt Sterzings schnurgerade verlaufende Fußgängerzone trotz ihrer geschlossenen mittelalterlichen Bebauung Neustadt. Die ebenfalls charmante Altstadt zieht sich nördlich des

ADAC Mittendrin

Marienverehrung wird im katholischen Südtirol großgeschrieben. Nicht erst seit Andreas Hofer sein Heimatland unter den besonderen Schutz der Gottesmutter stellte, pilgern Gläubige am 1. Mai und 1. Oktober von Sterzing zum Gnadenbild der Trenser Mutter im 5 km entfernten Weiler Maria Trens. *www.mariatrens.com*

Stadtplatzes leicht bergan. Dazwischen erhebt sich der viereckige Zwölferturm mit Tordurchgang, Turmuhr und Treppengiebel, zu seinen Füßen die gotische Spitalkirche zum Heiligen Geist. Weitere Sehenswürdigkeiten wie die Pfarrkirche zu Unserer Lieben Frau im Moos liegen etwas außerhalb. Das haben sie mit dem Hausberg Sterzings gemein, dem Rosskopf, der sich nördlich der Stadt 2176 m hoch erhebt.

Sehenswert

Multschermuseum

| Museum |

Das kleine Stadtmuseum ist in einem strengen weißen Gebäudekomplex untergebracht, einst Hospiz und Kommende des Deutschherrenordens. Glanzstücke sind acht Bilder des 12 m hohen Flügelaltars, den Hans Multscher 1456–59 für die Sterzinger Pfarrkirche schnitzte und malte. Im dortigen Hochaltar erinnern noch die fünf ausdrucksstarken Schnitzfiguren der hll. Apollonia, Barbara, Katharina, Ursula und Maria mit Kind an das Meisterwerk.

■ Deutschhausstr. 11, www.museen-suedtirol.it, April–Okt. Di–Sa 10–13, 13.30–17 Uhr, 2,50 €

Verkehrsmittel

Rosskopfbahn Erschließt im Sommer die Wander-, im Winter die Skigebiete um Sterzing. Gemeinsamer Pass mit den Ladurns-Liften und der Kabinenbahn Ratschings. ■ Brennerstr. 41, Tel. 0472/765521, www.rosskopf.com, Dez.–Ende März, Anf. Juli–Ende Okt. tgl. 8–17 Uhr, Bergfahrt ab 14 €, erm. Kinder/Senioren 10/13 €, Berg- und Talfahrt ab 18,50 €

Restaurants

€€–€€€ | **1280 Lamm** Schick modernisiertes Traditionslokal, bietet Feines in der Fußgängerzone. ■ Neustadt 16, Tel. 0472/765127, www.hotellamm.it, Di, Mi nachmittags geschl.

€€–€€€ | **Schaurhof** Hier kocht der Hausherr selbst: bestes gutbürgerliches Essen – frisch, regional und saisonal – in gemütlicher Gaststube. Kinderfreundlich. ■ Ried 20, Tel. 0472/765366, www.schaurhof.it, tgl. 12–14, 17–21 Uhr

1 €€€ | **Gourmetstube Einhorn** Frische, einfallsreiche Küche von Sterne-Chefkoch Peter Girtler im Romantik-Hotel Stafler. Alternativ: nebenan die ebenfalls superbe Gasthofstube Stafler. ■ Mauls 10 (ca. 12 km südöstl. von Sterzing), Gemeinde Freienfeld, Tel. 0472/771136, www.stafler.com, Gourmetstube Do–Mo 18.45–19.45 (letzte Bestellung), Gasthof Do–Mo 19–21, Sa, So auch 12–14 Uhr

Cafés

Café Konditorei Prenn Hhmm, hausgemachte Strudel, Kuchen und Gebäck auf der »anderen Seite« des Zwölferturms. ■ Altstadt 17a, Tel. 0472/765180, www.prenn.info, Mo, Fr, Sa 8–18.30, So 8–12, 14–18 Uhr

Auf einem Hügel liegt Burg Reifenstein, eine der besterhaltenen Burganlagen Südtirols

In der Umgebung

Burg Reifenstein (Castel Tasso)

| Burgruine |

Massig ragen Sturmmauern, Wohn- und Viereckturm des Burgfrieds auf waldgrünem Felshügel auf. Einst schützte die malerische Burg den Weg über den Jaufenpass, heute ist die gut erhaltene, eindrucksvolle Anlage ein beliebtes Ausflugsziel.

■ Elzenbaum (ca. 2 km südl. von Sterzing), Gemeinde Freienfeld, mobil 33 92 64 37 52, www.sterzing.com, nur mit Führung April–Okt. So–Fr 10.30, 14 und 15, Ende Juli–Anf. Sept. auch 16 Uhr, 8 €

Pfitschtal (Val di Vizze)

| Tal |

23 km steigt das Hochtal nordöstlich von Sterzing zu den Zillertaler Alpen an, von 948 m beim Hauptort Wiesen am Taleingang auf 2246 m am Pfitscher Joch. Das Tal selbst wird im Norden vom Tuxer Kamm, im Süden von den Pfunderer Bergen begleitet und bietet ideale Bedingungen zum Bergsteigen, Wandern, MTB- und Skifahren.

3 Ridnauntal
Valle di Ridanna

Ideal für Wanderer und Wintersportler, Montanfreunde und Motorradfahrer

Information

■ Tourismusbüro Ratschings, Gasteig/Jaufenstr. 1, 39040 Ratschings-Gasteig, Tel. 0472/76 06 08, www.ratschings.info, www.ridnauntal.eu

Eigentlich sind es drei Täler, die hier westlich von Sterzing die Berge erschließen. In die Stubaier Alpen führt das Ridnauntal, von dem gleich zu Beginn südwestlich das breite Ratschingstal (Valle di Racines) und südlich das zunächst sehr schmale Jaufental (Val di Giovo) abzweigen. Drei-Täler-Gemeinde wird denn auch ihr gemeinsamer Hauptort Ratschings im gleichnamigen Tal genannt.

Fast 900 Jahre lang spielte der Bergbau im hinteren Ridnauntal eine bedeutende Rolle. Seit er Ende des 20. Jh. eingestellt wurde, gehört das 18 km lange Tal wieder ganz den rund 4000 Einwohnern der Orte Ridnaun, Mareit und Telfes. Gäste kommen zahlreich, im Sommer zum Wandern, im Winter zum Langlaufen. An Naturschönheiten lockt z. B. am weiten Talende der Übeltalferner, mit rund 6 km² der größte Gletscher der Stubaitaler Alpen. Biathlon-Profis trainieren in Ridnaun, weiter südlich bietet das Skigebiet Ratschings-Jaufen jede Art von Wintersport.

Überhaupt hat Jaufen ganz eigene Fans. Allen voran Motorradfahrer, die jeden Sommer aufs Neue die kurvenreiche Fahrt über den Jaufenpass genießen, eine der europäischen Traumrouten schlechthin (S. 24).

Im Blickpunkt

Obstanbau in Südtirol – Süße Früchtchen

Mit 18 500 ha ist Südtirol das größte zusammenhängende Obstanbaugebiet Europas. Manche Regionen sind bekannt für Marillen (Aprikosen), andere für Erdbeeren oder Birnen. Vor allem aber werden jedes Jahr mehr als sechs Milliarden bzw. rund 1,2 Mio. t Äpfel erzeugt, rund 10 % davon in Bio-Qualität. Die Plantagen finden sich im gesamten Südtiroler Tälerdreieck, von Natz-Schabs über dem Eisack bis Mals im oberen Etschtal und zur Salurner Klause am südlichen Ende der Weinstraße. Dabei dienten Äpfel bis weit ins 19. Jh. hinein hauptsächlich der Selbstversorgung. Erst der Bau der Brenner-Eisenbahn ermöglichte den Apfelexport in großem Stil. Doch der wirtschaftliche Erfolg ist zweischneidig. Ziel ist heute, die berechtigten Interessen der rund 8000 Obstbauern mit den ebenfalls überzeugenden Überlegungen zu Flächenökonomie, Ressourcenverbrauch, Umwelt- und Menschenschutz in Einklang zu bringen.

Sehenswert

Gilfenklamm

| Schlucht |

Der an sich kleine Ratschinger Bach hat dieses beeindruckende Naturschauspiel aus Fels und weißem Marmor geschliffen. Erkunden kann man die rund 2,5 km lange, einzige Marmorschlucht Europas auf Holzstegen, über Steintreppen und spektakuläre Hängebrücken gut 15 m über den sprudelnden Wassern.

■ Unterer Einstieg bei Ratschings-Stange, oberer Einstieg am Jaufensteg, 175 Hm, Mitte Mai–Anf. Nov. tgl. 9–17, Juli–Aug. bis 18 Uhr, 5 €, erm. 3 €

Schloss Wolfsthurn

| Museum |

Das weiße, turmreiche Barockschloss beherbergt das Südtiroler Landesmuseum für Jagd und Fischerei. Neben Prunkräumen, Volkskunst und interessanten Stücken zu Jagd und (Flie-

Zwischen engen Felswänden stürzt der Ratschinger Bach in die Gilfenklamm

gen-)Fischerei in Südtirol erstaunen bauliche Finessen wie zum Beispiel genau 365 Fenster. Der etwa 1 km lange Themenwanderweg »Wald und Wasser« führt von der Pfarrkirche Mareit hinauf zum Schloss.

■ Kirchdorf 25, Ratschings-Mareit, Tel. 0472/758121, www.wolfsthurn.it, Mitte April–Mitte Nov. Di–Sa 10–17, So 13–17 Uhr, 7 €, erm. 5,30 €

Bergbauwelt Ridnaun Schneeberg

| Schaubergwerk |

Rund 900 Jahre lang wurde im Ridnauntal am Schneeberg nach Blei, Zink und Silber geschürft. 1978 schloss das einst höchstgelegene Bergwerk Europas seine Pforten. Das Südtiroler Bergbaumuseum füllt die alten Stollen nun erneut mit Leben. Kinder ab vier Jahren können die Welt untertage in eigens auf sie zugeschnittenen, spannenden Angeboten kennenlernen.

■ Maiern 48, Ridnaun-Schneeberg, Tel. 0472/656364, www.bergbaumuseum.it, Mitte April–Anf. Nov. Di–So 10–17 Uhr, 5 €, erm. bis 27 J./Senioren 2,50/4 €, geführte Kompakttour 10 €, erm. 4/8 €

Verkehrsmittel

Ratschings-Jaufen Kabinen- und Sesselbahn zum Wander- und Skigebiet in 2150 m Höhe, d. h. im Winter zu Pisten, Loipen, Funpark und Rodelbahn, von Frühjahr bis Herbst lädt die Almregion zu schönen Wanderungen ein. ■ Innerratschings 18a, Ratschings, Tel. 0472/659153, www.ratschings-jaufen.it, Anf. Dez.–Anf. April tgl. 8.30–16.15/16.30, Anf. Juni–Anf. Okt. bis 17 Uhr, Bergfahrt 14,50 €, erm. 10,50 €, Berg- und Talfahrt 19,50 €, erm. 13,50 €, Skipass ab 42 €/Tag

Der kurvenreiche Jaufenpass verbindet das Ratschingstal mit dem Passeier Tal

Restaurants

€€ | Gasthof Jaufensteg Zünftige Einkehr in Bestlage mit Sonnenterrasse am oberen Ende der Gilfenklamm. ■ Jaufensteg 4, Außerratschings, Tel. 0472/755340, www.jaufensteg.com

€€–€€€ | Sonklarhof 1-a-Tiroler Küche, vom Apfelstrudel bis zum 7-Gänge-Menü. ■ Ridnaun-Dorf 16, Ratschings, Tel. 0472/656212, www.sonklarhof.com

In der Umgebung

Strada Stratale 44 del Passo di Giovo

| Passstraße |

2 *In 20 spektakulären Spitzkehren geht es auf den Jaufenpass*

Eine vielfach gewundene Straße verbindet das Ratschingstal mit dem südlich benachbarten Passeiertal. Mit 58 km Länge ist diese SS44 die kürzeste Verbindung zwischen Sterzing und Meran, wovon die eigentliche Passstraße rund 33 km ausmacht. Jeden Sommer legen sich unzählige Biker hier in die Kurven und freuen sich einfach an der panoramareichen Fahrt, eingerahmt von den Ötztaler Alpen im Norden und Westen sowie den Sarntaler Alpen im Süden. Auch Auto- und Radfahrer genießen die Straße, Höhepunkt ist in 2094 m Höhe der Jaufenpass (Passo di Giovo), überragt von der Jaufenspitze (2481 m) im Osten.

■ ganzjährig befahrbar, Schließung wg. Wetter mgl., Nachtsperre im Winter tgl. 18–8 Uhr, keine Wohnwagengespanne, www.jaufenpass.eu

4 Natz-Schabs
Naz-Sciaves

Feriendörfer in Apfelgärten auf sonnigem Hochplateau

Information

■ Natz-Schabs Tourismus, Oberbrunnergasse 1, Haus Hansengut, 39040 Natz, Tel. 0472/415020, www.natz-schabs.info

Im Winkel südlich von Eisack- und Pustertal erstreckt sich zwischen Berg und Tal die Hochebene von Natz-Schabs. Natz mit seinen knapp 600 Einwohnern liegt auf 889 m Höhe, das kaum größere Gemeindezentrum Schabs nur wenig darunter (775 m). Ebenfalls zur Gemeinde gehören die Fraktionen Raas, Viums und Aicha.

Die Sonne meint es gut mit diesem schönen Fleckchen Erde, Äpfel und auch Wein gedeihen hier prächtig. Im Frühling bezaubert die Apfelblüte, im Herbst locken die reifen Früchte und feinen Spezialitäten daraus, etwa zum Apfelfest im Oktober. Wer beschauliche Urlaubstage verbringen will, ist hier im nördlichsten Apfelanbaugebiet Südtirols das ganze Jahr über richtig.

Sehenswert

Apfelweg (Sentiero della Mela)

| Themenweg |

Der knapp 8 km lange Wanderweg mit Infotafeln zwischen Natz und Raas zeigt die landschaftliche Vielfalt der Region, führt durch Föhrenwald, Apfelplantagen, Wiesen, Biotope und Kastanienhaine. Am Aussichtspunkt Ölberg kann man auf Relaxliegen entspannen.

Restaurants

€ | Goldener Apfel Einheimische und Gäste schätzen die loakle Küche und die riesigen Pizzen. ■ Schlossergasse 10, Natz, Tel. 0472/415504, www.goldenerapfel.com, Di–So 17–21.30, Pizza bis 23 Uhr

€€ | Sachsenklemme Viel gelobte Wirtshausbrauerei an historischer Felsenge. ■ Sackweg 1, Franzensfeste-Grasstein, Tel. 0472/837837, www.sachsenklemme.it, Mo, Mi–Fr 12–14, 18–22, Sa, So 12–14.30, 18–22, Pizza 12–23 Uhr

Events

Fest der Königinnen Die lokale amtierende Apfelkönigin begrüßt jedes Jahr am 1. Mai zahlreiche weitere Südtiroler »Produkthoheiten« wie die Mohn- oder Zwiebelkönigin; Empfang und Blütenball am Vorabend, Essen und Trinken auf der »Königlichen Meile«, Festumzug.

Wandern

Lüsen (Luson) Sanfter Tourismus ist angesagt in den hügeligen Hochlagen der Lüsneralm im Lüsener Tal östlich von Natz-Schabs. Wanderwege durchziehen die artenreichen Magerwiesen, im Winter sind Langlaufloipen gespurt. ■ www.luesen.com

In der Umgebung

Franzensfeste (Fortezza)

| Museum |

Das gewaltige Bollwerk ließ der österreichische Kaiser Franz I. 1832–39 an einer engen Stelle des Eisacktals errichten. Heute beherbergen die mächtigen Mauern die zwei Dauerausstellungen »Kathedrale in der Wüste« zur

ADAC Wussten Sie schon?

... dass bei Franzensfeste der südliche Ausgang des **Brenner-Basistunnels** (BBT) liegt? Baubeginn war 2008, die Fertigstellung des gewaltigen, insgesamt (mit der Innsbrucker Tunnelumfahrung) 64 km langen österreichisch-italienischen Gemeinschaftsprojekts samt Inbetriebnahme des unterirdischen Bahngüterverkehrs wird frühestens für das Jahr 2032 erwartet.

Die Anfänge des Augustiner Chorherrenstifts Neustift reichen bis ins 12. Jh. zurück

Festungsgeschichte sowie die des BBT-Infopoint zum Brenner-Basistunnel.

■ www.franzensfeste.info, Mai–Okt. Di–So 10–18, Nov., März–April Di–So 10–16, 9 €, erm. 7 €, offene Führungen Mai–Okt. Di–So 11 und 15 Uhr, 5 €

5 Neustift Novacella

Kloster mit gotischem Kreuzgang und barocker Basilika

Information

■ Stiftsverwaltung, Stiftstr. 1, 39040 Vahrn, Tel. 0472/836189, www.kloster-neustift.it

Kloster Neustift und das gleichnamige Dorf nahebei gehören zur Gemeinde Vahrn. Beide liegen an den Osthängen des Eisacktals inmitten von Weinbergen und Obstgärten. Auch das 1142 vom Brixener Bischof Hartmann gegründete und nach wie vor aktive Kloster nutzt die hier idealen Bedingungen von Böden, Sonnenstunden und mildem Klima zur Weinkelterei. Besonders gut gedeihen die Eisacktaler Weißweine, Gewürztraminer etwa, Rivaner, Silvaner oder Veltliner. Im Herbst laden in der ganzen Region Buschenschänken zum Weinverkosten und Törggelen ein.

Sehenswert

Augustiner Chorherrenstift Neustift

| Kloster |

Geistlicher Mittelpunkt von Kloster Neustift ist die üppig ausgestattete spätbarocke Basilika mit gotischem

Kreuzgang. Zur Anlage gehören zudem die Rokoko-Bibliothek, eine Pinakothek mit Pacher-Altären, ein historischer Garten samt achteckigem »Wunderbrunnen« und Mammutbaum sowie nicht zuletzt die erfolgreiche Klosterkellerei.

■ www.kloster-neustift.it, Stift Mo–Sa 10–16.15 Uhr, 10 €, mit Stiftsführung (Anmeldung) Mo–Fr 11 und 14.30, Sa 11 Uhr, 15 €, Garten Mai–Okt. Do–Sa 10–17 Uhr, 4 €. Reservierung Tel. 0472/694951. Weine, Schnäpse, Speck u. v. m. im Klosterladen, Mo–Fr 10–19, Sa 9–18 Uhr

Vahrner See

| See |

Als artenreiches Biotop steht der Vahrner See unter Schutz. Ein privater Waldweg begleitet sein Westufer zwischen grünem Nord- und schilfbewachsenem Südufer. Baden ist jedoch untersagt, seit auf dem Seegrund große Mengen Weltkriegsmunition gefunden wurden.

■ Höhe Autobahnabfahrt Brixen-Pustertal, Zufahrt von Süden über Vahrner-See-Weg, privater Parkplatz am Restaurant Vahrner See

Restaurants

€€ | Köfererhof Verfeinerte regionale Küche und Weine vom eigenen Gut.

■ Pustertalerstr. 3 (am Hang über Kloster Neustift), Vahrn, Tel. 0472/836649, www.koefererhof.it, Mi–Mo 10–23 Uhr

Erlebnisse

3 Im **Stiftskeller** werden Weine und Schnäpse ausgeschenkt, es gibt aber auch Säfte, Tee und Jause. ■ Mo–Fr 10–19, Sa 10–18 Uhr. Weinbergführung mit Verkostung Mo–Fr 16, Sa 14.30 Uhr, 20 €, nur mit Anmeldung. Tel. 0472/694951

Wandern

Törggelesteig Leichter, bestens auch für Familien geeigneter Wanderweg zwischen Schabs (Beschilderung ab Pfarrkirche) und Kloster Neustift, rund 8 km durch reizvolle alte Kultur- und Weinlandschaft. Unterwegs bieten sich Gelegenheiten zur gemütlichen Einkehr, im Herbst vor allem in traditionellen Buschenschänken. In etwa genauso lang und ähnlich schön zu gehen ist der Weg zwischen Neustift und der Adlerbrücke in Brixen.

Im Blickpunkt

Törggelen – Was Leib und Seele zusammenhält

Gerstsuppe, Schlutzkrapfen, Surfleisch, Knödel – eigentlich ist die so beliebte Südtiroler Küche einfach. Ihr Geheimnis sind frische Produkte in bester Qualität, mit Sorgfalt und Zeit frisch zubereitet. Diese Grundlagen tragen, auch wenn internationale Einflüsse die kulinarische Palette bereichern und variieren. Unverändert beliebt ist das Törggelen, bei dem ursprünglich Weinhändler im Herbst bei den Bauern den jungen Wein verkosteten.
Der Begriff selbst stammt übrigens vom Wort »Torggel« für Weinpresse. Heute zeigen aufgesteckte Besen an den Höfen an, dass hier in einer sog. Buschenschänke eigener »Nuier«, also neuer Wein, ausgeschenkt wird. Dazu gehört eine kräftige Marende, eine Brotzeit mit Speck, Hartwurst und Käse auf dem Holzbrett. Und dann wird es sehr oft sehr gemütlich.

6 Brixen (Bressanone)

Mittelalterliche Bischofsstadt voll Südtiroler Charme

Seine Fresken machen den Brixner Domkreuzgang zu einem einzigartigen Kunstschatz

Information

- Brixen Tourismus, Regensburger Allee 9, 39042 Brixen, Tel. 0472/275252, www.brixen.org
- Parken: siehe S. 31

4 *Bischofssitz mit reichem Kulturerbe und lebensfrohem Ambiente*

Etwa auf halbem Weg zwischen Brenner und Bozen liegt Brixen in einer Talweitung an der Mündung der Rienz in den Eisack. Mit rund 21000 Einwohnern und einer regen Industrie ist sie die drittgrößte Stadt Südtirols und teilt sich mit Bozen den Bischofssitz. Die Ehre besaß Brixen seit dem Jahr 990, im 11.–19. Jh. residierten die geistlichen Herren hier mit kurzen Unterbrechungen sogar als mächtige Fürstbischöfe. Repräsentative kirchliche Bauten wie Kirchen, Klöster, Hofburg und ein Priesterseminar prägen das Gesicht der historischen Altstadt. Für Auflockerung sorgen etwa am Domplatz der Christkindlesmarkt, im Mai das stimmungsvolle Brixen Water Light Festival oder die hochkarätig besetzten Konzerte der BrixenClassics im Juni. Die Großen und Kleinen Lauben laden zum Shoppingbummel ein, die zahlreichen Studenten sorgen für frischen Wind.

Plan S. 30

Sehenswert

1 Dom Mariä Himmelfahrt und St. Kassian

| Dom |

Unübersehbar weisen die zwiebelbehaubten Zwillingstürme den Weg zum Dom. Den Innenraum des hohen, dabei kompakten dreischiffigen Barockbaus zieren Fresken und Gemälde des Pustertaler Meisters Paul Troger, an farbigem Marmor wurde nicht gespart und unter der Apsishalbkuppel prangt ein prachtvoller Hochaltar.

■ Domplatz, 6. Jan.–Anf. Dez. tgl. 6.30–18Uhr, Führungen Mo–Sa 10.30 und 15 Uhr

2 Brixner Domkreuzgang

| Fresken |

2 *Mittelalterliche Bilder fürs Seelenheil zum Anschauen und Staunen*

Den offenarkadigen Wandelgang um den 20 × 20 m großen Innenhof südlich des Doms zieren ausdrucksstarke romanische und gotische Fresken. Die Bilder an den Wänden und in den Kreuzgewölben zeigen das Leben von Aposteln und Heiligen, Passion und Auferstehung Jesu, das Marienleben und alttestamentarische Begebenheiten. Auch veranschaulichen sie diverse Tugenden und Laster und offenbaren den Zeitgeist ihrer Entstehung (14.–16. Jh.), etwa in der Abbildung von fantasievoll pferdeähnlich dargestellten Kriegselefanten.

■ Tel. 0472/836333, April–Okt. und Dez.–6. Jan. tgl. 6.30–18, Nov. Mo–Sa 6–12 und tgl. 15–18 Uhr

3 Hofburg

| Diözesanmuseum |

Ein Wassergraben umgibt die mächtige vierflügelige Fürstbischöfliche Hofburg. Im ursprünglichen Bau residierte Mitte des 15. Jh. Nikolaus von Kues, genannt Cusanus, Universalgelehrter und einflussreicher Fürstbischof von Brixen. In 70 Sälen der weiten Zimmerfluchten zeigt u. a. das Diözesanmuseum einen

ADAC Mobil

In Brixen gilt Mo–Fr 7–10 und 16–19 Uhr ein Fahrverbot für Fahrzeuge der Klassen Euro 0 und 1 sowie Diesel bis Euro 4. Weitere Infos online: umwelt.provinz.bz.it

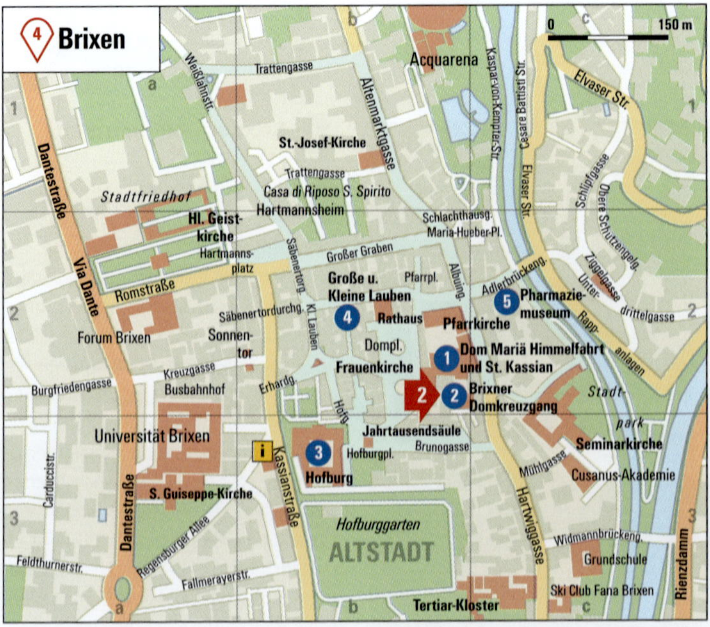

Teil der Brixner Kirchenschätze: Gemälde, Altäre und Altarbilder, liturgisches Gerät und kostbare Gewänder wie die Adlerkasel des hl. Albuin aus dem 10. Jh.

Im Untergeschoss sind mehr als 90 Krippen aufgebaut. Die größte ist ein Landschaftsszenario mit 5000 Schnitzfiguren der Sterzinger Brüder Probst.

■ Hofburgplatz 2, Tel. 0472/830505, www.hofburg.it, tgl. 10–17, Juni–Sept. bis 18 Uhr, 10 €, erm. Kinder/Senioren 5/8 €

4 Große und Kleine Lauben

| Stadtbild |

Begrenzt vom Großen und Kleinen Graben laden in historischen Erker- und Laubenhäusern zahlreiche Geschäfte, Cafés und Restaurants zum Bummeln ein. Inbegriff der Flanierkultur sind die autofreien Großen Lauben und die rechtwinklig dazu verlaufenden Kleinen Lauben. Außerdem kann man im kleinen Zentrum von Brixen so manche Entdeckung machen. Den lauschigen Hofgarten etwa, Befestigungsreste wie Sonnentor oder Michaelstor, oder am Schnittpunkt der beiden Laubengassen die Fassadenfigur des dreiköpfigen »Wilden Mannes«.

5 Pharmaziemuseum

| Museum |

Im Erdgeschoss des Gebäudes hilft seit mehr als 400 Jahren die Stadtapotheke mit Pülverchen und Pillen. Im Stockwerk darüber beleuchtet das passende Museum die Geschichte von Heilmitteln, zeigt Gefäße, Gerätschaften und Verpackungen aus dem Pharmazeutenleben damals und heute.

■ Adlerbrückengasse 4, Tel. 0472/209112, www.pharmaziemuseum.it, Di–Mi 14–18, Sa 11–16, Juli–Aug. Mo–Fr 14–18, Sa 11–16, im Advent zusätzl. So 11–16 Uhr, 5 €, erm. 4 €

Parken

Parking Brixen Zentral gelegenes 24-Std.-Parkhaus. ■ Dantestr. 13, 1,80 €/Std., 21–7 Uhr 0,90 €/Std., www.mybrixen.com, Plan S. 30 a2

Restaurants

€–€€ | Gummerer Hof Zu jungem Wein gibt es in der gemütlichen Holzstube Surfleisch, Gerstensuppe, Kasnocken, Knödel und Keschtn (Kastanien). ■ Pinzagen 18, www.gummererhof.it, Törggelen Sept.–Feb., Plan S. 30 südl. b3

€€ | Künstlerstübele Finsterwirt In der alten Traditionsschenke trank man früher nach der Sperrstunde im Dunkeln weiter. Heute kommen die Gäste wegen der Südtiroler Küche. ■ Domgasse 3, Tel. 0472/835343, www.finsterwirt.com, Di–Sa 11.45–14, 18.45–21 Uhr, Plan S. 30 b2

Cafés

Café am Gries Kaffee, Kuchen, Torten, Schnitten, Baisers, Mehlspeisen gleich hinterm Dom. ■ Albuingasse 7, Tel. 0472/835706, tgl. 7.30–19 Uhr, Plan S. 30 c2

Pupp Kaffeehaus-Charme in Café, Konditorei und Eisdiele. ■ Altenmarktgasse 37, Tel. 0472/834736, www.pupp.it, Di–Sa 7–19 Uhr, Plan S. 30 b1

In der Umgebung

Plose

| Ski- und Wandergebiet |

Sonnenreiches Ski- und Wandergebiet auf dem Brixener Hausberg Plose, hinauf geht es mit der Kabinenbahn. 9 km lange Rodelbahn (RudiRun), Funpark für Freestyler, Speed Strecke, Schneeschuhwandern und mehr als 40 Pistenkilometer, herrliche Ausblicke auf die Dolomiten.

■ Seilbahnstr. 17, St. Andrä (8 km südöstl. von Brixen), Tel. 0472/200433, www.plose.org

ADAC Spartipp

Wer in oder um Brixen übernachtet, erhält von seinen Gastgebern die **BrixenCard.** Sie ist anderweitig nicht zu kaufen und bietet als erweiterte mobilCard zahlreiche Vorteile und Vergünstigungen in der Region. *www.brixen.org*

7 Klausen
Chiusa

Über dem Tal thront Südtirols bedeutendste Klosterburg

Information

■ Infobüro Klausen, Marktplatz 1, 39043 Klausen, Tel. 0472/847424, www.klausen.it

Das mittelalterliche Städtchen mit 5200 Einwohnern zwängt sich ins hier enge Tal des Eisack, der an dieser Stelle von den Sarntaler Alpen her den Tinnebach aufnimmt. Darüber thront auf hohem Felsen beherrschend Kloster Säben. Dieses bewunderten schon die Durchreisenden Albrecht Dürer und Johann Wolfgang von Goethe. Klausen gilt als Künstlerkolonie, wenn auch nicht selten für Lebenskünstler. Dazu passt die sonnenreiche Ferienregion ringsum, die sich mit Kastanienhainen und Weingärten schon im Stadtgebiet ankündigt. Überhaupt wird Genuss in der an herbstlichen Buschenschänken reichen »Törggelehauptstadt« großgeschrieben: etwa entlang dem Keschtnweg oder im Herbst bei den Eisacktaler Kastanientagen, bei der Einkehr in einem der vielen historischen Ansitze und natürlich bei den Gassltörggelen-Festen in Klausen, Barbian, Feldthurns und Villanders.

Sehenswert

Kloster Säben

| Kloster |

»Akropolis Südtirols« wird der vielfach verschachtelte Gebäudekomplex auf dem Berg Säben über Klausen auch genannt. Hier residierten die ersten Bischöfe Tirols, die barocke Liebfrauenkirche ist Ziel der ältesten Tiroler Marienwallfahrt. Die Fresken der Heiligkreuzkirche ganz oben auf dem Berg zeigen eine Art irdisches Paradies inklusive Papagei auf der Stange. Auf den »Heiligen Berg Tirols« führt ein gut halbstündiger Weg, vorbei an Burg Branzoll und durch Weinterrassen.

■ Liebfrauenkirche Juli–Sept. Di, Mi, Fr, Sa 14–18, Okt. Di, Fr, Sa 14–17 Uhr, Heiligkreuzkirche tgl. morgens bis abends

Restaurants

€€ | Gassl Bräu Die deftig-kräftigen Gerichte passen gut zum hausgebrauten Bier, auch wenn Sorten wie Kastanien- und Basilikumbier vielleicht nicht jedermanns Geschmack sind. ■ Gerbergasse 18, Tel. 0472/523623, www.gasslbraeu.it, Mo, Mi–Sa 10–24, So 9–24, Pizza 12–23 Uhr

€€ | Turmwirt Im früheren Geschichtsschreiberhaus, das mit Fresken (1907) von Hugo Atzwanger geschmückt ist, wird regionaltypische Kost serviert, etwa Schlutzkrapfen, Speckknödel oder Eisacktaler Weinsuppe. ■ Gufidaun 50, Tel. 0472/844001, www.turmwirt-gufidaun.com, Do–Mo 10–14.30, 17.30–23 Uhr

Wandern

Villanderer Alm Urlauber besuchen gern diese Alm in rund 2500 m Höhe über dem Weindorf Villanders, 5 km südwestlich von Klausen, mit ihren weiten Hochweiden. Wanderer und Schneeschuhgänger lieben Hüttentouren in dieser Landschaft mit weitem Bergblick bis zu den Dolomiten im Osten. ■ Zufahrt mit dem Auto bis zum Parkplatz am Saltnerstein (Gasser-Hütte), hier Ausgangspunkt vieler Wanderungen

8 Villnösstal
Dolomiti Val di Funes

Sanfter Tourismus bewahrt die Schönheit des Hochgebirgstals

Information

■ Villnöss Tourismusgenossenschaft, Peterweg 10, 39040 Villnöss-St. Peter, Tel. 0472/840180, www.villnoess.com

Ostwärts führt das Villnösstal 24 km geradewegs in die Dolomiten hinein. Markant ragen am Talende die Peitlerkofelgruppe und mit Furchetta, Sass Rigais und Mittagsscharte die Dreitausender der Geislerspitzen auf, zu ihren Füßen dunkelgrüner Bergwald, lichtgrüne Matten und malerische Dörfer wie St. Valentin, der Hauptort St. Peter und St. Magdalena. Insgesamt leben kaum mehr als 2600 Menschen im Villnösstal, und die in erster Linie vom Fremdenverkehr. Der Naturpark Puez-Geisler ist nicht umsonst Teil des Unesco-Weltnaturerbes Dolomiten.

Sehenswert

Naturparkhaus Puez-Geisler

| Ausstellung |

Das Naturparkhaus ist die zentrale Informationsstelle des Naturparks Puez-Geisler, der am Talende beginnt. Zur Dauerausstellung gehören die Abteilungen »Berge anfassen«, »Wunderkammer der Natur« und »Berge erobern«. Im Bergkino erzählt Reinhold Messner, der aus Villnöss stammt, von seinen Bergerfahrungen. Im restlichen Naturpark erklären sechs weitere, kleinere Häuser die Vielfalt des Schutzgebiets.

■ Trebich 1, Villnöss-St. Magdalena, Tel. 0472/842523, naturparks.provinz.bz.it, Mai–Okt. Di–Sa 9.30–12.30, 14.30–18 Uhr, Juli–Aug. auch So geöffnet, Eintritt frei

Naturpark Puez-Geisler

| Naturpark |

5 *Schroffe Berge als Schutzraum für vielfältige Natur*

Etwa 10700 ha rund um die Geislergruppe umfasst der Naturpark in den Gemeinden Villnöss, Abtei, Corvara und im Grödner Tal. Das Schutzgebiet ist geologisch außerordentlich vielfältig, Fauna und Flora entsprechend. Hier leben Gämse, Rehe und Murmeltiere, man sieht wilde Adler ebenso wie seltene Schmetterlinge. Es gibt Fichten im Putiawald, Lärchen nahe des Halsl und Zirben um den Peitlerkofel, auf Almen und Bergwiesen wachsen Pelzanemonen und Soldanellen, etwas höher auch Alpenastern, Edelweiß und Enzian.

St. Johann Nepomuk

| Kirche |

Malerisch liegt die Kapelle von 1744 auf grünem Hügel vor den Geislerspitzen. Auf dem Altarblatt streckt der Kirchenpatron Johannes Nepomuk der thronenden Muttergottes scheinbar die Zunge heraus – tatsächlich deutet der Märtyrer und Brückenheilige damit seine Verschwiegenheit an.

■ Schlüssel nebenan im Ansitz Ranuihof

Parken

Großer, zeitweise kostenpflichtiger Parkplatz bei der Zanser Alm (1680 m), 6 km östlich oberhalb von St. Magdalena, deren familienfreundlicher Berggasthof Ausgangs- und Zielpunkt zahlreicher Wanderungen ist.

Restaurants

€€ | **Dreimädelhaus** Die gute Regionalküche und die Top-Pizzen müssen mit dem unübertrefflichen Ausblick auf die Geislerspitzen konkurrieren. ■ Collerstr. 10, Villnöss-St. Peter, Tel. 0472/840102, www.dreimaedelhaus.info, Do–Di 14–24, Sa, So 10–14 Uhr

Kinder

Naturparkhaus Puez-Geisler Beim Programm »Der Natur auf der Spur« lernen Kinder zwischen 6 und 12 Jahren spielerisch interessante und wichtige Dinge über die Dolomiten ■ Daksys Kreativwerkstatt, Juli–Sept. Fr 15–17 Uhr, kostenlos, Anmeldung Tel. 0472/842523

Sport

Klettergarten Zanser Alm Dolomitklettern mit rund 50 Routen in den Schwierigkeitsgraden 3–8a. ■ am Fuß der Furchetta-Nordwand, Adolf-Munkel-Weg, über der Zanser Alm-Hütte, www.villnoess.com unter »Aktiv«

Übernachten

Entlang der alten Handelsrouten gibt es im Wipp- und Eisacktal schon seit jeher reichlich Auswahl an Unterkünften für alle Ansprüche und Geldbeutel. Große Hotelketten sucht man hier vergeblich. Es dominieren Gasthöfe, Pensionen und kleinere familiengeführte Hotels, oft garni. Dank reger Nachfrage wächst, insbesondere abseits der größeren Orte und in den Seitentälern, beständig das Angebot an Gästezimmern auf Bauernhöfen und Ferienwohnungen, auch sie meist im Wohnhaus der Gastgeber gelegen. Die Touristeninformationen vor Ort sind gern bei der Zimmersuche behilflich. Wer bezüglich des Ortes etwas flexibel ist, findet in aller Regel auch kurzfristig eine Unterkunft in der gewünschten Kategorie.

Gossensass 18

€€–€€€ | Feuerstein Mit Chalets dorfähnlich um einen Teich angelegtes Familienhotel und Reiterhof im Pflerschtal am Fuß des Tribulaun. Yoga und Weinverkostung für die Erwachsenen, Spielescheune und Kinderprogramm für den Nachwuchs. ■ Pflersch 185, 39041 Brenner, Tel. 0472/770126, www.feuerstein.info

Sterzing 19

€€–€€€ | Lilie Ruhig schlafen in edel restauriertem historischem Haus, im Kern von 1461, mitten im Zentrum. ■ Neustadt 49, 39049 Sterzing, Tel. 0472/760063, www.hotellilie.it

€€–€€€ | Steindl's Boutiquehotel Licht, Luft, Holz – nachhaltig gebaut und bewirtschaftet, zentrumsnah neben Stadtpark und Busbahnhof. ■ Parkweg 2, 39049 Sterzing, Tel. 0472/765358, www.hotelsteindl.it

Pfitschtal 21

€ | Gasthof Alpenrose Herzliche Gastlichkeit ohne großen äußerlichen Aufwand im schönen ruhigen Pfitschtal. Idealer Ausgangspunkt für Mountainbike- oder Motorrad-Touren über das Pfunderer, Schlüssel oder Pfitscher Joch. ■ Kematen 66, 39049 Pfitsch, Tel. 0472/646029, www.gasthof-alpenrose.it

Ridnauntal 21

€€ | Bergblick Größeres Hotel, ruhig im Tal gelegen, etwas abseits des eigentlichen Ortes. Geräumige Zimmer mit Balkon, der Wellnessbereich im Haus ist angenehm nach einem Sporttag im Freien. ■ Innerratschings 5a, 39040 Ratschings, Tel. 0472/659197, www.hotelbergblick.com

Natz-Schabs 24

€ | Agriturismo Zini Urlaub auf dem Obstbauernhof. Familienfreundliche, zweckmäßige und ordentliche Ferienapartments mit schönem Blick auf Kirchturm oder Obstgärten. ■ Raas 44 A, 39040 Natz-Schabs, Tel. 0472/412266, www.zinihof.it

€€ | Hotel Waldheim Vergleichsweise kleines familiengeführtes Hotel mit

Wellnessbereich, Restaurant und Bar im Haus. ■ Johann-Oberhofer-Str. 19, 39040 Natz-Schabs (zwischen Mühlbach und Natz), Tel. 0472/412237, www.hotelwaldheim.com

Neustift 26

€€ | Brückenwirt Zeitgemäßes Hotel in historischer Mühle am Bach neben dem Klosterstift. Torggl im Garten, auch beliebtes Restaurant. ■ Stiftstr. 2, 39040 Neustift, Tel. 0472/836692, www.hotel-brueckenwirt.com

€€ | Zum Alten Moar Denkmalgeschützter Viereckhof unweit des Stifts, toll restauriert und in Zimmern und Gaststube detailfreudig mit viel Holz ausgestattet. ■ Eisackstr. 15/1, 39040 Vahrn-Neustift, Tel. 0472/055616, www.zum-alten-moar.com

Brixen 28

€€ | Berghotel Schlemmer Bei Sporturlaubern sehr beliebtes, familiengeführtes Hotel auf der Plose in 1900 m ü. M, gleich bei der Bergstation der Kabinenbahn. ■ Erwin Strickler Weg 19, 39042 Brixen, Tel. 0472/521306, www.berghotel-schlemmer.com

€€€ | Adler Historic Guesthouse Hoteljuwel, luftig-frisch und gastlich zugleich, in modernisiertem historischem Altstadt-Gasthaus an der Eisack. Extraschön: der Rooftop Pool. ■ Adlerbrückengasse 9, 39042 Brixen, Tel. 0472/200621, www.adlerbrixen.com

Villnösstal 32

€–€€ | Residence Töglhof Ferienwohnungen mit Frühstück am ruhigen oberen Ortsrand. Grandiose Aussicht, guter Ausgangspunkt für Wanderungen, etwa von der Zanser Alm auf dem Adolf-Munkel-Weg mit Blick auf die Geislerspitzen. ■ Coller Str. 1, 39040 Villnöss-St. Peter, Tel. 0472/840169, www.toeglhof.com

€€ | Teiserhof Das familiengeführte Wanderhotel punktet mit großen Zimmern und prächtiger Aussicht. Kleiner Pool im Garten, Sauna und Dampfbad im Haus. Für Gäste freies Parken auf der Zanser Alm. ■ Teiser Str. 11, 39040 Villnöss-Teis, Tel. 0472/844571, www.teiserhof.com

ADAC Das besondere Hotel

Eine schmale, 6 km lange Stichstraße führt hinauf zu dem in einen Gasthof umgewandelten historischen **Ansitz Fonteklaus** an einem sonnigen Hang über Klausen. Oben warten zehn gepflegte ruhige Gästezimmer sowie ein vorzügliches Restaurant mit Caféterrasse. Grandiose Aussicht, romantischer Schwimmteich und Kapelle hinterm Haus gibt es obendrein.

€€ | Freins 4, 39043 Klausen, Tel. 0472/655654, www.fonteklaus.it

Pustertal und Dolomiten – grünes Tal, bleiche Berge

Liebliche Täler und stille Höhen, historische Städte und Ritterromantik begleiten Reisende auf ihrem Weg ins Herz der Dolomiten

Sommerfrischler und Wintersportler lieben das Pustertal. Von Meransen am Taleingang über die Marktgemeinde Mühlbach bis zu den markanten Dolomitengipfeln der Sextner Sonnenuhr finden sie erholsame Land- und einladende Ortschaften. Angesichts des breiten, sanfthügeligen Talgrundes etwa um den Hauptort Bruneck ist der Beiname »Grünes Tal« völlig berechtigt. Genussvoll kann es bei Wanderungen zu geologischen Besonderheiten, Wasserfällen, Burgen oder kleinen Regionalmuseen erkundet werden.

Ruhige Seitentäler wie Pfunderer, Antholzer oder Gsieser Tal führen den Besucher weiter hinein in die wundervolle Bergnatur, die in ausgedehnten Naturparks um Rieserferner, Geisler, Sella und Fanes Alpe unter Schutz steht. Das ladinische Gadertal, das Pragser und das Sextental werden auch wegen ihrer abwechslungsreichen Skigebiete viel besucht, allen voran der Pustertaler Kronplatz, die Hochabtei Alta Badia und die Plätzwiesen in den Drei Zinnen Dolomiten.

In diesem Kapitel:

ADAC Top Tipps:

3 **Messner Mountain Museum Corones**
| Museum |
Teils ins Kronplatz-Plateau hinein baute Zaha Hadid das moderne Museum, in dem Reinhold Messner traditionellen Alpinismus vorstellt. 45

4 **Burg Taufers**
| Burg |
Waffen und Rüstungen, aber auch Kapelle, Gerichtssaal und Bibliothek zeigen die Lebenswelt der alten Südtiroler Rittersleut'. 45

ADAC Empfehlungen:

6 **Nussbaumerhof**
| Restaurant |
Genuss in einem Bergdorf über Burg Rodenegg. 38

7 **Klimastollen Prettau**
| Heil-Bergwerk |
Heilhöhle für Asthmatiker und Allergiker im Ahrntal. 46

8 **Stiftskirche zu den Heiligen Candidus und Korbinian**
| Kirche |
Perfekter schlicht-strenger romanischer Kirchenbau in Innichen. 50

9 **Naturpark Drei Zinnen**
| Naturpark |
Winterfreuden für die ganze Familie an Haunold und Stiergarten. 51

10 **Pütia**
| Hotel |
Höhenluft schnuppern beim Dorfurlaub im hinteren Gadertal. 52

9 Mühlbach
Rio di Pusteria

Tor zum Südtiroler Ferienparadies und ins versteckte Pflerschtal

Information

■ Touristik Information Ski- und Almenregion Gitschberg-Jochtal, Katharina-Lanz-Str. 90, 39037 Mühlbach, Tel. 0472/88 60 48, www.gitschberg-jochtal.com

Wo das Pustertal seinen Weg nach Osten nimmt, wird es noch mal eng. Hier befand sich einst die Zollstation Mühlbacher Klause. Nach wie vor lebhaft geht es im nahen Städtchen Mühlbach zu, wo die bunten historischen Stadthäuser vom Wohlstand mittelalterlicher Kaufleute zeugen.
Kleinere Orte, heute Mühlbacher Fraktionen, mussten auf die umliegenden Berghöhen ausweichen. Das ist für die beliebten Urlaubsziele Meransen und Vals bzw. ihre Skigebiete Gitschberg und Jochtal kein Schaden. Auch in der schneelosen Jahreszeit zieht es viele Wanderer in die hiesigen Berge, etwa ins Altfasstal oder zum Almhütten- und Milchfest auf die Fane Alm.

Sehenswert

Burg Rodenegg

| Fresken |
Die kleine Bilderbuch-Wehrburg über der Rienzschlucht besitzt die ältesten Profanfresken im deutschen Sprachraum. Elf Wandgemälde aus dem 13. Jh. erzählen in der Trinkstube die Abenteuer von Gralsritter Iwein. Das Porträtbild im Torgang der Burg zeigt ihren einstigen Besitzer, den Ritterpoeten Oswald von Wolkenstein (1377–1445).
■ Rodeneck (3 km südöstl. von Mühlbach), www.rodenegg.it, Besichtigung nur im Rahmen einer Führung, Ende Mai–Sept./Okt. So–Fr 11.30, 14 und 16 Uhr, 8 €, erm. 4 €

Gefällt Ihnen das?

Dann sehen Sie sich auch die modernen Reiterspiele an, die während des dreitägigen **Oswald-von-Wolkenstein-Ritts** (S. 60) auf der Seiser Alm ausgetragen werden, oder wandern Sie von Gais zum Oswald-von-Wolkenstein-Schloss **Neuhaus** (S. 47) im Tauferer Tal.

Verkehrsmittel

Bergbahnen Gitschberg-Jochtal 16 Lifte und Bahnen erschließen sommers wie winters die Ski- und Almenregion Gitschberg-Jochtal. ■ www.gitschberg-jochtal.com, Anf. Dez.–Mitte April tgl. ca. 8.30–16.30; Sommer: Kabinenbahnen Gitschberg Mitte Mai–Anf. Nov., Jochtal Mitte Juni–Mitte Okt. tgl. jew. 8.30–11.45, 13–16.45 Uhr, Bergfahrt 20 €, erm. 16 €, Berg- und Talfahrt 25 €, erm. 20 €, Mountain Card Pustertal für z. B. 8 Berg- und Talfahrten 115 €, erm. 81 €
Pusterbike Größtenteils asphaltiert führt der Pustertal Radweg entlang der Rienz von Franzensfeste über Bruneck, Toblach und Innichen bis Lienz. Radtransport mit Pustertal Bahn oder Bike-Shuttle möglich. ■ www.peer-shuttle.it

Restaurants

6 **€€ | Nussbaumerhof** Hier präsentiert sich die Südtiroler Küche von ihrer besten Seite. Der Weg hinauf ins »lange Dorf« lohnt sich für die tägliche Vitalküche ebenso wie für das

Zu den markanten Erdpyramiden von Terenten führt ein Rundwanderweg

Galadiner am Samstagabend. Gern mit Spaziergang von oder nach Burg Rodenegg (Luftlinie 1,5 km, Fußweg). ■ Nauders 89/Leitlergasse 2, Rodeneck, Tel. 0472/454157, www.nussbaumerhof.com

10 Kiens
Chienes

Mittendrin zwischen Sonnenstraße und Kronplatz

Information

■ Tourismusverein Kiens, Kiener Dorfweg 4b, 39030 Kiens, Tel. 0474/565245, www.kiens.bz

Kiens ist der erste größere Ort im Unteren Pustertal mit direktem Zugang zum Ski- und Wandergebiet Kronplatz. Jegliche Infrastruktur ist vorhanden, doch an touristischen Sehenswürdigkeiten mangelt es. Vor allem, seit die weithin sichtbare Ehrenburg nicht mehr zu besichtigen ist. Umso mehr lohnen sich Ausflüge in die Umgebung, etwa entlang des Pustertaler Sonnenwegs, der sich ab Vintl auf halber Höhe am Nordhang des Tals bis Bruneck dahinschlängelt. Mehrere »Sonnendörfer« gibt es hier zu entdecken, und im Sommer lädt der Issinger Weiher zu einem erfrischenden Bad ein.

Sehenswert

Terenten

| Naturphänomen |

Weit auseinandergezogen liegt das Dorf an der Pustertaler Sonnenstraße. Der Mühlenweg führt in einer guten halben Stunde vom Parkplatz im Ortszentrum bergan (ca. 230 Hm) zu den Erdpyramiden von Terenten. Die kegelförmigen Erdformationen entstanden nach einem Hangrutsch in den 1830er-Jahren. Seitdem tragen Wind und Wetter beständig weichere Erd- und Gesteinsschichten ab, widerstandsfähigeres Material bleibt stehen, solange es ein »Hut« aus hartem Gestein schützt. Aussichtsplattform und Jausenstation direkt am Weg.

Einkaufen

Latschenölbrennerei Bergila Der Kräuter- und Heilpflanzengarten des Familienbetriebs wird biologisch und nach dem Mondkalender bewirtschaftet. Neben Latschenkieferöl (gegen Muskelkater!) sind auch Arnika, Johanniskraut, Rosmarin, Wacholder und andere Kräuterauszüge im Angebot. ■ Weiherplatz 8, Pfalzen-Issing, Tel. 0474/565373, www.bergila.com, Kräuterladen Mo–Sa 9–12, 14–18 Uhr, Brennerei Mai–Okt. Mo–Fr 9–12, 13–18 Uhr, Juli, Aug. auch So geöffnet, Kräutergarten frei zugänglich

Events

Terner Bauernkuchl Kulinarische Traditionswoche im Rahmen der Eventreihe »'s Terner Schmelzpfandl«. In vielen Gasthöfen der Region gibt es dann Graukassuppe, Tirschtlan, Ziachkrapfn u. Ä. ■ Terenten, zehn Tage im Okt., www.schmelzpfandl.com

11 Gadertal
Val Badia

Ladinisches Tal in den Dolomiten, bekannt für Skispaß und Schnitzkunst

Information

■ Tourismusbüro St. Vigil & St. Martin, Plan de Corones-Str. 38/1, 39030 St. Vigil in Enneberg, Tel. 0474/501037, www.sanvigilio.com

■ Tourismusverein Alta Badia, Col Alt-Str. 36, 39033 Corvara in Badia, Tel. 0471/836176, www.altabadia.org

Im Gadertal sind Orts- und Hinweisschilder dreisprachig beschriftet. Es gilt als »ladinisches Herz« der Dolomiten, hier haben sich Kultur, Lebensart und Sprache der ladinischen Urbevölkerung besonders lebendig erhalten. Bei St. Lorenzen am Übergang zum Pustertal mündet das Gebirgsflüsschen Gader in die Rienz. Nach Südosten führt das Gadertal mitten hinein in die großartige Bergwelt der Dolomiten, gabelt sich aber gleich nach den vier Anfahrtstunneln. Links führt es als Vigil-, später Rautal über St. Vigil, den Hauptort der Gemeinde Enneberg, in den Naturpark Fanes-Sennes-Prags. Der rechte Ast heißt um St. Martin noch Gadertal, im oberen Teil um den Bergort Corvara Abteital. Die umliegende Region Hochabtei oder Alta Badia gehört in ihren westlichen Teilen zum Naturpark Puez-Geisler. Über das Grödner Joch führt die Straße weiter ins ebenfalls ladinische Grödner Tal.

Sehenswert

Naturparkhaus Fanes-Sennes-Prags
| Ausstellung |
Fossilien, Dioramen und Infotafeln erklären schon vor dem runden Holzbau die Entstehung der Dolomiten und ihres Almwesens. Untergebracht im Souterrain ist die vor- und frühgeschichtliche Abteilung, oben beherbergt ein Terrarium lebende Tiere.

■ Katharina-Lanz-Str. 96, St. Vigil, Tel. 0474/506120, Ende Dez.–Anf. April und Anf. Mai–Ende Okt. Di–Sa 9.30–12.30, 14.30–18 Uhr, Juli–Aug. tgl., Eintritt frei

Naturpark Fanes-Sennes-Prags
| Naturpark |
Zum Unesco-Weltnaturerbe Dolomiten gehört der 25453 ha große Parco Naturale Fanes-Sennes-Prags bzw. ladinisch

Parch Natural Fanes-Senes-Braies. Der Park umfasst die bis zu 3146 m hoch aufragenden, stark zerklüfteten karstigen Pragser Dolomiten samt der Plätzwiese und die etwas tiefer, aber immer noch über 2000 m gelegenen Magerwiesen- und Almhochebenen von Sennes und Fanes. Naturfreunde lieben den Park zu allen Jahreszeiten, das Sportangebot ist umfangreich und die Landschaft einfach überwältigend. Zwischen den hübschen Dörfern im Schutzgebiet sind in ausgedehnten Fichtenwäldern zum Beispiel Baummarder und Füchse zu Hause. Jenseits der Baumgrenze beleben Arnika, Enzian und Edelweiß das Bergwiesengrün. ■ naturparks.provinz.bz.it, Parkplätze in allen Dörfern des Parks

Museum Ladin Ćiastel de Tor

| Museum |

In Schloss Thurn gibt das Ladinische Landesmuseum Einblicke in die Kultur der Ladiner in den Dolomiten. Themen sind u.a. Geologie, Archäologie, Geschichte, Sprache und Kunsthandwerk. ■ Torstr. 65, St. Martin in Thurn, Tel. 0474/524020, www.museumladin.it, Mitte Jan.–März Do–Sa 14–18, Mai–Okt. Di–Sa 10–17, So 14–18, Juli–Aug. Mo–Sa 10–18, So 14–18, Ende Dez.–Mitte Jan. tgl. 14–18 Uhr, 8 €, erm. 6,50 €

Alta Badia

| Skigebiet |

Alta Badia, die Hochabtei, ist neben dem Kronplatz das zweite große Skigebiet der Region. 54 Lifte und rund 130 Pistenkilometer ziehen im Winter zwischen Wengen und Corvara reichlich Besucher an. Auf der Gran-Risa-Piste wird jedes Jahr der Skiweltcup ausgetragen. Auch die Sellaronda (s. Sport), die Umrundung der Sellagruppe, lockt.

Sport

Sellaronda Die 40 km lange Route um die Sellagruppe führt durch die Dolomitentäler Alta Badia, Gröden, Fassa und Arabba und überwindet dabei vier Bergpässe (Grödner Joch, Campolongo, Podoi- und Sellajoch). Obwohl in diesem Gebiet auch Radfahrer und Läufer zu sehen sind, ist die Sellaronda eigentlich eine klassische Skitour. Als solche umfasst sie 26 Pistenkilometer plus Liftfahrten. ■ Einstiegsorte in Südtirol sind Wolkenstein und Corvara; farbige Markierungen zeigen die Richtung an: Orange markiert die Runde, die im Uhrzeigersinn verläuft, grün gegen den Uhrzeigersinn, www.sellaronda.info

Im Blickpunkt

Bëgnodüs – Willkommen auf Ladinisch

Die Ladiner sind die älteste rätoromanische Volksgruppe im Alpenraum. In Südtirol leben sie vor allem im Gader- und im Grödner Tal, auch das Fassatal im Trentino zählt zu den ladinischen Hochburgen. Hier wie dort haben sie sich in der relativen Abgeschiedenheit der Dolomiten ihre Sprache bis heute erhalten, die auf ein frühes Volkslatein zurückgeht. Nach Zeiten der kulturellen Unterdrückung nimmt die Zahl der ladinischsprachigen Südtiroler in den letzten Jahren sogar wieder zu, bis zu 30000 sollen es schätzungsweise sein. In Oberitalien ist Ladinisch Amts- und Schulsprache, als einheitliche Schrift- und Standardsprache wurde in den 1990er-Jahren das Ladin Dolomitan entwickelt.

12 Bruneck (Brunico/Burnech)

Alte Kunst, neue Museen und ein Spitzen-Skigebiet

Mit rund 16 000 Einwohnern ist Bruneck der größte und bedeutendste Ort im Pustertal

Information

- Tourismusverein Bruneck, Rathausplatz 7, 39031 Bruneck, Tel. 04 74/55 57 22, www.bruneck.com
- Skirama Kronplatz, Johann-Georg-Mahl-Str. 40, 39031 Bruneck, Tel. 04 74/55 15 00, skirama@kronplatz.org, www.kronplatz.org
- Parken: siehe S. 44

Wo die Taufer in die Rienz mündet, schmiegt sich die Altstadt des Pustertaler Hauptortes in eine Flussschleife, überragt vom zinnenbekrönten Schloss Bruneck. Der Brixener Fürstbischof und Stadtgründer Bruno von Kirchberg hatte es Mitte des 13. Jh. bauen lassen. Die bescheiden-bürgerstolzen historischen Stadthäuser verraten frühen Wohlstand. Grund dafür war die »Strada d'Alemagna«, eine wichtige Handelsroute von Augsburg nach Venedig durch das Pustertal. Im 15. Jh. lebte und arbeitete in Bruneck der damals weltbekannte Holzschnitzer und Maler Michael Pacher. In der Neuzeit richtete Reinhold Messner in Stadt und Umland zwei seiner sechs Bergmuseen ein.

Größte touristische Attraktion ist die schneereiche und bestens erschlossen Hochebene Kronplatz südlich der Stadt. Auch die Hochabtei im nahen Gadertal, die Rieserfernergruppe und der Naturpark Fanes-Sennes-Prags sind von Bruneck aus schnell erreicht.

Plan S. 44

Sehenswert

1 Schloss Bruneck

| Museum |

Die einstige fürstbischöfliche Residenz bietet dem Messner Mountain Museum Ripa einen stilvollen Rahmen. Es ist den Bergvölkern und Bergkulturen der Welt gewidmet, Sherpas und Turkmenen ebenso wie Tirolern und Walsern. Die modern präsentierten Exponate kontrastieren reizvoll mit den historischen Gemächern.

■ Schlossweg 2, Tel. 0474/410220, www.messner-mountain-museum.it, 2. So im Mai–1. So im Nov. Mi–Mo 10–18, 7. Dez.–Ende April (außer 24. und 25. Dez.) 12–18 Uhr, 14 €, erm. Kinder/Senioren 6/12 €

2 Altstadt

| Stadtbild |

Zwischen Burgberg und Rienz drängt sich die kleine Altstadt vom eingemauerten Ursulinentor neben der gotischen Ursulinenkirche bis zur neoromanischen Pfarrkirche Zu Unserer Lieben Frau. Weitere Tore wie Florian- oder Oberragentor entdeckt man bei einem Bummel durch die Gassen, ebenso die Kirche St. Katharina auf dem Rain mit ihrem Doppelzwiebelturm.

3 Eck Museum of Art

| Museum |

In zwei mittelalterlichen Gebäuden »über Eck« zeigt das Stadtmuseum sakrale Meisterwerke, u.a. von Michael Pacher, und gibt Einblicke in die Bandbreite moderner Kunst. Spannend auch die Druckwerkstatt mit 12000 Exlibris aus aller Welt und vielfältigen Kursen.

■ Bruder-Willram-Str. 1, Tel. 0474/553292, www.eck.museum, Di, Do 10–16, Sa 10–12, Juli, Aug. Mi–Fr 10–17, Sa 10–12 Uhr, 3 €, erm. 2 €

4 Südtiroler Landesmuseum für Volkskunde Dietenheim

| Freilichtmuseum |

Um den barocken Ansitz Mair am Hof illustrieren inmitten von Gärten und Stallungen historische Wirtschaftsbauten Leben und Arbeiten früherer Tage. Ein Kornkasten ist hier u.a. zu sehen, eine Kegelbahn, ein Bienenhaus, eine Schmiede und ein Wipptaler Einhof.

■ Herzog-Diet-Str. 24, Dietenheim, Tel. 0474/552087, www.volkskundemuseum.it, Mitte April–Okt. Di–So 10–17 Uhr, 9 €, erm. 6,70 €

Parken

300 kostenfreie Parkplätze am **Bahnhof**. ■ Plan S. 44 a3

Parkhaus Stadtzentrum 354 Plätze ■ Stegener Str. 24, 1,60 €/Std., 20–8 Uhr 1,20 €/Std., Plan S. 44 a2

Restaurants

€€ | Blitzburg Italienische und Südtiroler Hausmannskost, z. B. mit Spinat gefüllte Schlutzkrapfen oder Rindsgulasch mit Speckknödeln, vollends ein Gedicht sind die Desserts. ■ Europastr. 10, Tel. 0474/555723, www.blitzburg.it, Di–So 12–14, 19–21 Uhr, im Sommer tgl. Grillabende, Plan S. 44 a3

€€ | Weißes Lamm Regionale Küche, tradtionell und deftig, in gemütlich-rustikalerer Gaststube. ■ Stuckstr. 5, Tel. 0474/411350, www.weisseslamm.it, tgl. 12–14, 19–23 Uhr, Plan S. 44 c2

Einkaufen

Moessmer Bekleidung und passende Accessoires aus und mit Loden im Fabrikverkauf des einstigen k. u. k.-Hoflieferanten. ■ Walther-von-der-Vogelweide-Str. 6, www.moessmer.it, Mo–Fr 9–12, 14.30–18.30, Sa 9–12 Uhr, Plan S. 44 östl. c3

Entspannung

Kneipp-Parcours Frei zugänglich und gänzlich kostenfrei ist die schöne baumumstandene Anlage am Fuß des Kronplatzes. »In freier Luft«, wie es der »Wasserdoktor« und Pfarrer Sebastian Kneipp für gute Gesundheit empfahl, kann man sich hier im Wald beim Wassertreten in Naturbecken mit klarem Bergwasser abhärten, bei einem Armbad erfrischen oder beim Barfußlaufen über Moos und Steine die Fußsohlen

ganz natürlich massieren. ■ Reischach, 4 km südl. von Bruneck, nahe südl. Ortsrand (unweit Hotel Petrus, Reinthalstr.)

In der Umgebung

Kronplatz

| Hochplateau |

Der 2275 m hohe Kronplatz südlich von Bruneck ist Hausberg und beliebtes Erholungsgebiet. Drachen- und Gleitschirmflieger finden auf dem Hochplateau ideale Bedingungen, es locken Wanderwege und ein einmaliges Museum (s. u.). Im Winter ist der Kronplatz mit 32 Liften und 119 km Pisten eines der größten Skigebiete der Dolomiten, gemeinsam mit Speikboden und Klausberg im Verbund Dolomiti Superski. Anfänger und Familien genießen leichtere Abfahrten, Könner die Pisten der »Black Five«. ■ www.kronplatz.com, www.plancorones.it

Messner Mountain Museum Corones

| Museum |

3 *Kühner Bau im und auf dem Berg zur Geschichte des Alpinismus*

Auf dem Kronplatz ist nur ein Teil des Messner Mountain Museums Corones zu sehen. Den größeren Rest des aufsehenerregenden Neubaus ließ die Architektin Zaha Hadid in den Berg einarbeiten, der Fremdkörper verschmilzt quasi mit der Natur – passend für eine Ausstellung zur Entwicklung des »Trad Adventure Alpinism«, des traditionellen Alpinismus möglichst ohne Hilfsmittel, als Königsdiziplin.

■ Furciastr. 47, Kronplatz, Tel. 0474/ 501350, www.messner-mountain-museum.it, tgl. 10–16 Uhr (entsprechend den Öffnungszeiten der Seilbahn Reischach), 14 €, erm. Kinder/Senioren 6/12 €

13 Tauferer Tal und Ahrntal
Val di Tures e Aurina

Schönes Hochtal mit Almwiesen, Burgen und Gletscher

Information

■ Tourismusverein Ahrntal: Josef-Jungmann-Str. 8, 39032 Sand in Taufers, Tel. 0474/678076; Klausbergstr. 97, 39030 Steinhaus, Tel. 0474/671136, www.ahrntal.com

Das Tauferer Tal nördlich von Bruneck ist eine Südtiroler Wanderregion par excellence. Von grünen Matten und schroffen Felsen grüßen Burgen und Bergbauernhöfe. Gleich beim ersten Ort Gais führt der Kulturwanderweg hinauf zu Schloss Neuhaus aus dem 13. Jh. Bei Mühlen in Taufers folgen Bergfreunde der schmalen Straße ins nach Westen abzweigende Mühlwalder Tal.

Die meisten aber fahren weiter nordwärts, wo ab Burg Taufers das Ahrntal beginnt. Hier spielen vollends die Berge die Hauptrolle: mit dem Speikboden als Skigebiet, dem Naturpark in der teils vergletscherten Rieserfernergruppe und einem Bergwerksmuseum ganz oben in Prettau.

Sehenswert

Burg Taufers

| Burg |

4 *Pittoreske Märchenburg als Museum fürs Mittelalter*

So muss eine Burg aussehen: trutzige Mauern, Rundtürme, Bergfried auf grüner Hügelkuppe über einem Dorf. Und gut erhalten ist sie auch noch, komplett mit Folterkammer, Waffensaal

Vor großartiger Bergkulisse thront Burg Taufers auf einem Hügel

und Ritterzimmer, die Kapelle ausgemalt von Michael Pacher. Sogar ein Geist soll in den kostbar ausgestatteten romanischen und gotischen Gemächern umgehen. Für Kinder werden spezielle Programme angeboten.

■ Sand in Taufers, Tel. 0474/678053, www.burgeninstitut.com, Turm und Sonderausstellungen tgl. 10–17 Uhr, sonstige Innenräume nur mit Führung Mitte Juli–Aug. tgl. ab 10 Uhr ca. stdl., sonst wechselnd, 7 €, erm. 4 €, mit Führung 13 €, erm. 9 €

Reinbachfälle

| Wasserfall |

In drei Stufen stürzt der Reinbach die enge Tobelschlucht 50 m hinunter, vor allem nach der Schneeschmelze ein beeindruckender Anblick.

■ 8 km östl. von Sand in Taufers, nur zu Fuß über Franziskusweg ab Weiler Winkel oder Klaraweg ab Gasthaus Toblhof

Klimastollen Prettau

| Heil-Bergwerk |

7 *Durchatmen im Heilstollen tief im Innern des Bergs*

Nach 550 Jahren war 1971 Schluss mit dem Kupferabbau am Rettenbach. Der 1168 m lange St.-Ignaz-Erbstollen erlebte 25 Jahre später eine Renaissance als Schaustollen des Südtiroler Bergbaumuseums. Ebenso der Klimastollen, in dem Allergiker und Asthmatiker 1100 m tief im Berg durchatmen. Draußen führt der Knappenweg als Lehrpfad bergauf zu bergbautechnischen Außenanlagen.

■ Hörmanngasse 38A, Prettau, Tel. 0474/654298, www.bergbaumuseum.it, www.ich-atme.com, April–Anf. Nov. Di–So 10–18 Uhr, Bergwerk 13 €, erm. 9 € und 5 €, Einfahrt Klimastollen (nur mit Anmeldung) April–Nov. Di–So ab 10 Uhr 2- bis 3-mal tgl., 20 €, erm. 17 € und 9 €

Naturpark Rieserferner-Ahrn

| Naturpark |

Wasserreich ist dieser 31 313 ha große Naturpark, der sich von Taufers und Antholz bis zu den Zillertaler Alpen im oberen Ahrntal erstreckt, auch wegen des Rieserferner Gletschers. Über dem Nadelmischwald, u. a. mit Lärche, Zirbe und Vogelbeere, blühen auf alpinem Weiderasen Bart-Glockenblume, Gold-Fingerkraut und Katzenpfötchen, auf Schotterfluren und vergletscherten Felsregionen gedeihen Gräser und Kräuter wie Alpen-Mannsschild und Roter Steinbrech. Die Tierwelt ist mit Steinadler, Murmeltier, Bergpieper und kleinerer Fauna vertreten, auf den Almen grasen im kurzen Sommer Rinder und Schafe. Naturerlebniswege wie um den Antholzer See erschließen die Schönheit der Region, ihre Geologie steht im Mittelpunkt des Naturparkhauses Rieserferner-Ahrn in Sand. ■ naturparks.provinz.bz.it; Naturparkhaus, Rathausplatz 9, Sand in Taufers, Tel. 0474/67 75 46, Mai–Okt. und 27. Dez.–März Di–Sa 9.30–12.30, 14.30–18 Uhr, Juli–Aug. tgl., Eintritt frei

Restaurants

€€–€€€ | Rosmarin In dem beliebten Hotelrestaurant gibt es Pizza und heimisches Hirschragout ebenso wie kross gebratene Riesengarnelen oder irisches Weiderind. ■ Josef-Jungmann-Str. 1, Sand in Taufers, Tel. 0474/67 90 66, www.rosmarin.it, Do–Di 12–14, 17.30–22 Uhr

Wandern

Kulturweg Bequemer Rundweg ab Gais durch Wald am Hang hinauf zum Oswald-von-Wolkenstein-Schloss Neuhaus (mit Burgschenke). ■ ca. 2 km

Speikboden Familien-Erholungsgebiet mit Angeboten für Wanderer, Biker, Paraglider und Wintersportler. ■ www.speikboden.it, Kabinenbahn ab Talstation Drittelsand 7, Sand in Taufers, Bergfahrt 19,50 €, erm. 12 €, Berg- und Talfahrt 24 €, erm. 14 €

14 Antholzer Tal
Val di Anterselva

Ruhiges Tal, unter Outdoor-Freunden bekannt für Loipen und Naturpark

Information

■ Tourismusverein Antholzer Tal, Niederrasner Str. 35 F, 39030 Rasen, Tel. 0474/49 62 69, www.antholzertal.com

Naturschön und ruhig präsentiert sich das Antholzer Tal, obwohl es eigentlich viele Besucher anzieht, da es sowohl Anteil am Naturpark Rieserferner-Ahrn als auch am Kronplatz hat. Ein weiterer guter Grund, seinen Urlaub in dem mineralreichen Tal zu verbringen, sind die eisenhaltigen Radonquellen von Bad Salomonsbrunn. Das Tal an sich ist recht breit und flach, steigt aber an den Hängen steil an, zumal im hochalpinen Teil zum Staller Sattel hin. Für Langläufer und Biathleten sind die Bedingungen ideal, im Januar wird hier oft der Weltcup ausgetragen.

Ebenfalls rekordverdächtig ist der Antholzer See. Wald- und gipfelumstanden liegt der 44 ha große und 38 m tiefe Panoramasee in 1642 m Höhe vor herrlicher Bergkulisse. Wanderer finden kostenlose Parkplätze am Südufer an der Obertaler Straße, die schmal und kurvenreich 4 km weiter nach Osten zum Staller Sattel mit Sommer-Grenzübergang nach Österreich führt.

15 Gsieser Tal
Val Casies

Das stille Wandertal lädt ein zu ruhigen Bergtouren und Almbesuchen

Information

■ Tourismusverein Gsieser Tal-Welsberg-Taisten, St. Martin 10a, 39030 Gsieser Tal, Tel. 0474/978436, www.gsieser-tal.com

Zahlreiche Einzelhöfe verteilen sich in dem stillen Tal, das auf gut 20 km von Taisten über Pichl und den Hauptort St. Martin bis St. Magdalena ansteigt. Das Talende in 2837 m Höhe wird noch überragt von den Gipfeln der Rieserfernergruppe im gleichnamigen Naturpark (S. 47). Spektakuläre Bergziele fehlen, aber ein dichtes Wegenetz und viele bewirtschaftete Almen wie die Kardorfer Alm, Stumpf- oder Uwaldalm laden ein zu genüsslichen Wanderungen. Besonders schön sind sie beim Gsieser Almhüttenfest im September. Im Winter bieten sich herrliche Skitouren an, im Tal verlaufen die Loipen, in St. Magdalena bringt ein Lift Alpinskifahrer hinauf und auf der Mudleralm über Taisten ist gut Rodeln.

Im Blickpunkt

Dolomiten – Zauberhaftes Welterbe

Seit dem 26. Juni 2009 ist es offiziell: Die in der Marmolada bis zu 3342 m hoch aufragenden Dolomiten sind einzigartig und machen sie zum Unesco-Weltnaturerbe. Gleich fünf Südtiroler Naturparks schützen diesen erhabenen Naturraum: Puez-Geisler, Schlern-Rosengarten, Rieserferner-Ahrn, Fanes-Sennes-Prags und Drei Zinnen. Ihren Beinamen »Bleiche Berge« verdanken die rund 250 Mio. Jahre alten schroffen Kalkriesen dem Geologen Déodat de Dolomieu (1750–1801). Dabei leuchten die Felszacken und -wände beim Alpenglühen, ladinisch »Enrosadira«, im Licht der auf- und vor allem untergehenden Sonne in den herrlichsten Rottönen.

16 Pragser Tal
Val Braies

Dolomitweiße Berge und dunkle Wildseewasser in bildschönem Kontrast

Information

■ Tourismusverein Pragser Tal, Außerprags 78, 39030 Prags, Tel. 0474/748660, www.pragsertal.info

Fast das gesamte Pragser Tal liegt im Naturpark Fanes-Sennes-Prags (S. 40). Vom Pustertal aus führt es nach Süden weit in die Berge hinein und gabelt sich schon nach wenigen Kilometern. Links führt das Altpragser Tal hinauf zur Plätzwiese auf knapp 2000 m Höhe. Das Hochplateau, im Frühling und Herbst bedeckt von einem blühenden Blumenteppich, liegt panoramareich inmitten der Pragser Dolomiten.

Sehenswert

Pragser Wildsee
| See |
Rechts geht es im Innerpragser Tal über die kleinen Ferienorte Bad Neuprags und St. Veit zum Pragser Wildsee, den viele Südtirol-Urlauber für den

schönsten See der Dolomiten halten. Malerisch spiegelt sich in den mal dunklen, mal grün schimmernden Wassern des waldumstandenen Sees der 2810 m hohe Seekofel.

Verkehrsmittel

Shuttlebusse Ab Säge im Altpragser Tal, das ab Schmieden vom 10. Juli bis 10. Sept. tgl. 10–15 Uhr für den Individualverkehr gesperrt ist. ■ www.suedtirolmobil.info, www.prags.guestnet.info, Bus 443 zur Plätzwiese, 5 €, Bus 442 zum Pragser Wildsee, 3 €, Hinfahrt 9.35–16.35 Uhr, zurück 10.05–17.05 Uhr, jew. ca. alle 30 Min.

17 Toblach
Dobbiaco

Urlaubsort im Hochpustertal zwischen Naturpark und Skigebiet

Information

■ Tourismusverein Toblach, Dolomitenstr. 3, 39034 Toblach, Tel. 04 74/97 21 32, www.toblach.info

Im Winter punktet das lebendige Städtchen als Zentrum sonnenreicher Skigebiete, im Sommer als erholsames Bergidyll. Das schätzten schon Ende des 19. Jh. z. B. der deutsche Kronprinz Friedrich Wilhelm und der Komponist Gustav Mahler. Von dieser Tradition zeugen stattliche Bauten wie die Herbstenburg neben der Pfarrkirche oder das Grand Hotel in Neu-Toblach. Im Südosten hat Toblach Anteil am Naturpark Drei Zinnen in den Sextner Dolomiten (S. 51). Er ist leicht zu erreichen über das nach Süden abzweigende, landschaftlich sehr schöne Höhlensteintal, das nach Westen hin den Naturpark Fanes-Sennes-Prags begrenzt. Einen wunderbaren Ausblick auf die Dolomiten und den Cristallo gewährt direkt an der Talstraße der Welterbe-Aussichtspunkt.

Sehenswert

Grand Hotel

| Museum |

Das ehemalige Luxushotel beherbergt heute im Kulturzentrum das Naturparkhaus Drei Zinnen. Es informiert über Geologie und Leben im Schutzgebiet, über die Anfänge des Tourismus in der Region und über die schweren Kämpfe während des Ersten Weltkriegs in den Dolomiten. Im Juli und August finden hier außerdem die Gustav-Mahler-Musikwochen statt.

■ Dolomitenstr. 37, Toblach, Tel. 04 74/97 30 17, naturparks.provinz.bz.it, Ende Dez.–Anf. April und Anf. Mai–Ende Okt. Di–Sa 9.30–12.30, 14.30–18 Uhr, Juli–Aug. tgl., Eintritt frei

Sennerei Drei Zinnen

| Schaukäserei |

In der Produktionshalle können Käsefreunde von der Besuchergalerie aus die Käseherstellung live mitverfolgen. Museum, Brotzeitstation, Reifekeller und Werkverkauf runden das Besuchsangebot ab.

■ Pustertaler Str. 3, Toblach, Tel. 04 74/97 13 00, www.3zinnen.it, Schaubereich und Shop Mo–Sa 8–19, So 10–18 Uhr

Sport

Weg nach Cortina Radfahren oder Langlaufen von Toblach auf früherer Bahnstrecke durch das Höhlensteintal, teils entlang der Drau. Rückfahrt mit Bus 444 oder 445 möglich.

Dreizinnenhütte und Kapelle vor dem Paternkofel (links) und den Drei Zinnen (rechts)

18 Sextental
Val di Sesto

Kirche im Dorf, Sonnenuhr in der Natur – dem Himmel ganz nah

Information

- Tourismusverein Sexten, Dolomitenstr. 45, 39030 Sexten, Tel. 0474/710310, www.sexten.it
- Tourismusverein Innichen, Pflegplatz 1, 39038 Innichen, Tel. 0474/913149, www.innichen.it

Der alte Klosterort Innichen markiert im Hochpustertal den Eingang zum südöstlich abzweigenden Sextental. Markenzeichen der gesamten Region sind die unverwechselbaren Dolomitenspitzen der Drei Zinnen, die auch dem umliegenden Naturpark den Namen gaben. Seine atemberaubend schöne Natur zieht Jahr für Jahr unzählige Wanderer und Skifahrer an, der Ausbau der touristischen Infrastruktur hält mit dieser Entwicklung Schritt.

Ein Paradebeispiel für die malerische Hochgebirgslandschaft der »Bleichen Berge« ist das Fischleintal bei Moos. Von hier führen Lifte hinauf, etwa zu Gipfeln der Sextner Sonnenuhr. Lärchenhaine und Blumenwiesen machen das ebenso bezaubernde Innerfeldtal nahe dem Sextner Stausee zu einem weiteren beliebten Wanderziel.

Sehenswert

Stiftskirche zu den Heiligen Candidus und Korbinian

| Kirche |

8 *Romanische Baukunst in ihrer schönsten Form*

Das Benediktinerkloster, später Kollegiatsstift von Innichen, bestand vom 8.–19. Jh. Die schlichte Schönheit der einstigen Klosterkirche, der dritten an

dieser Stelle, brachte dem romanischen Bau den Beinamen »Dom von Innichen« ein. Die 1284 geweihte dreischiffige Basilika auf kreuzförmigem Grundriss mit Vierungskuppel und drei Apsiden ist selbst mit den Anbauten von Glockenturm und Nothelferkapelle nicht sehr groß. Aber Architektur, Steinmetzarbeiten, Fresken, Krypta und eine überlebensgroße geschnitzte Kreuzigungsgruppe (ca. 1250) bieten ein eindrückliches Kirchenerlebnis.
■ Attostr. 1, Innichen, tgl. ca. 8–18 Uhr

Sextner Sonnenuhr

| Bergpanorama |

Um Moos im Fischleintal gruppieren sich in beeindruckendem Bergpanorama ringsum die fünf Dolomitengipfel Neuner- (2582 m), Zehner- (auch Rotwand) (2965 m), Elfer- (3092 m), Zwölfer- (3094 m) und Einserkofel (2698 m). Zur jeweiligen Stunde steht die Sonne recht genau hinter bzw. über den jeweiligen Bergen, eine verlässliche, wenn auch nicht minutengenaue Natur-Uhr.

Naturpark Drei Zinnen

| Naturpark |

9 *Drei Gipfel als ein Wahrzeichen des Weltnaturerbes Dolomiten*

Der Naturpark fasziniert mit wildromantischen Landschaften und Dolomitengipfeln, vor allem den berühmten Drei Zinnen. Die 11635 ha schönste Hochgebirgslandschaft ist Weltkulturerbe und dem Schutz wild lebender Tier- und Pflanzenarten verpflichtet, was jedoch die rege Nutzung durch Bergwanderer, Skifahrer, Kletterer und anderer Naturfreunde nicht ausschließt. Geführte Naturerlebniswanderungen der Tourismusvereine erschließen zum Beispiel im Juli im Innerfeldtal das »Blumenmeer Außergsellwiesen«, die Rotwandwiesen über die Schellabalm oder umrunden die Drei Zinnen über der Auronzohütte.
■ naturparks.provinz.bz.it, www.dreizinnen.com. Die Tourismusvereine (S. 50) der Region bieten geführte Wanderungen

ADAC Mobil

Mit dem **Drei Zinnen Shuttle** ab Sexten kommen Wanderer bequem zur Auronzohütte und zurück (oder zu Fuß in 4–5 Std. über Fischleintal). *Anmeldung bis zum Vortag, Tourismusverein Sexten, Tel. 0474/710310, www.sexten.guestnet.info, Juni–Mitte Okt. tgl., z. B. ab Innichen oder Sexten, einfach 20 €, hin und zurück 30 €*

Parken

Antioniusstein und Gwengwiesen Große Wanderparkplätze im Innerfeldtal. Talzufahrt Ende Juni–Ende Sept. 9–18 Uhr gesperrt, dann ab kostenlosem Parkplatz am Taleingang Shuttlebus (ca. alle 30 Min.) einfach 3 €.

Restaurants

€€ | Tschurtschenthalerhof Bergbauerngasthof im Ski- und Wandergebiet Helm, tolle Aussicht. ■ Mitterberg 16 (Abholdienst ab Sexten und Innichen), Sexten, Tel. 0474/710087, www.von-tschurtschenthaler-am-ort.eu, Mo geschl.

Wandern

Dreischusterhütte Ab Parkplatz Antoniusstein (s. o.) 2 km, 280 Hm, einfache Strecke ca. 1 Std., auch für Familien geeignet. ■ www.drei-schuster-huette.com

Übernachten

Vom ausgedehnten Talgrund bis zu den Hochlagen am Fuße der Dolomitengipfel finden Gäste im »grünen Tal« und seinen Seitentälern jede Menge Übernachtungsmöglichkeiten. Allenthalben ist man bestens eingestellt auf Aktivurlauber, auf die Wanderer und Radfahrer ebenso wie auf jegliche Wintersportler. Sie alle finden ihr ganz persönliches Lieblingsplätzchen in einem oder einer der Hotels, Pensionen, Berggasthöfe oder Ferienwohnungen. Das ist selbst in der Saison in aller Regel kein Problem. Die Frage ist vielmehr, ob es ein Gast eher beschaulich liebt oder kurze Wege zu den viel frequentierten Erholungsregionen bevorzugt.

Mühlbach 38

€–€€ | Weiße Lilie Gutbürgerliche, fürsorgliche Gastfreundschaft mitten im Ort. Bodenständige Zimmer, beliebtes Café vor dem Haus, Bar im historischen Gewölbekeller. ■ Kirchplatz 2, 39037 Mühlbach, Tel. 0472/ 84 97 40, www.weisselilie.it

€€ | Oberegger Hof Urlaub auf dem Bauernhof im schönen Valser Tal. Zur Auswahl stehen ruhige Gästezimmer und vier Ferienwohnungen. Hofprodukte u.a. selbst eingelegte Bergartischocken. ■ Unterlände 1, 39037 Mühlbach-Vals (8 km nordwestl. von Mühlbach), Tel. 0472/54 10 08, www.obereggerhof.it

Gadertal 40

€ | Agriturismo Bio-Bergbauernhof Lü Da Iun Vier gemütliche Ferienwohnungen in ländlicher Höhenlage auf dem Traditionshof von Familie Palfrader, kurze Wege zu Naturpark Fanes-Sennes-Prags und Kronplatz. ■ Furcia Str. 5, 39030 Enneberg-Costamesana (5 km nördl. von St. Vigil), mobil 346572 9720 (Paola), www.iun.bz

10 **€€ | Pütia** In einem kleinen Gebirgsdorf in Alta Badia, im hinteren Gadertal mit Blick auf den Peiterkofel, bietet das familiengeführte Pütia sommers wie winters einen erholsamen Aufenthalt inkl. Halbpension in Zimmern und Apartments, die mit viel hellem Holz eingerichtet sind. ■ St.-Anton-Str. 21, 39030 St. Martin in Thurn-Antermöia, Tel. 0474/520114, www.putia.com

Bruneck 42

€€ | Blitzburg Zwischen Altstadt und Bahnhof zentral gelegenes Stadthotel, Hingucker dank Türmchen und weiß-rosa Fassade. Die Zimmer im Haupthaus sind ansprechend renoviert. Standardmäßig mit Halbpension. ■ Europastr. 10, 39031 Bruneck, Tel. 0474/55 57 23, www.blitzburg.it

€€ | Pension Prack Am Kronplatz gemütliche Zimmer und eine Ferienwohnung in familiengeführtem Haus mit zuvorkommendem Service. Auf Wunsch Halbpension, Chef Oswald kocht gut und reichlich. ■ Reinthalstr. 3, 39031 Bruneck-Reischach, Tel. 0474/54 8110, www.hotel-prack.com

Tauferer Tal und Ahrntal 45

€ | Garni Zimmerhofer Zehn großzügige Gästezimmer mit Frühstück im Haus der Familie Feichter. Freundlich, familiär, zentrumsnah und ruhig. ■ Dr.-Daimer-Str. 56, 39032 Sand in Taufers, Tel. 0474/678271, www.garni-zimmerhofer.it

€–€€ | Burgfrieden Solides Hotel zu Füßen von Burg Neuhaus. Schön auch Restaurant, Bar, Saunahütte im Garten. Ungewöhnlich: Sammlung von rund 700 Feuerwehrhelmen, für Hotelgäste kostenlos. ■ Schloß-Neuhaus-Str. 7, 39030 Gais, Tel. 0474/504117, www.hotel-burgfrieden.com

Antholzer Tal 47

€€ | Agriturismo Eggerhöfe Ferienwohnungen auf dem Hof der Familie Leitgeb, schöne Alleinlage am Hang. Auf Wunsch mit Halb- oder Vollpension, Hofschänke und Hofladen ergänzen das Angebot. ■ Sunnseitnweg 10, 39030 Antholz Mittertal, Tel. 0474/493030, www.eggerhoefe.it

€€ | Ansitz Heufler Acht stilvolle Gästezimmer in beeindruckendem historischen Herrenhaus, ruhig, innerorts am Eingang des Antholzer Tals gelegen. Ein weiteres Plus ist das Restaurant mit holzgetäfeltem Speiseraum. ■ Oberrasen 37, 39030 Antholz-Rasen, Tel. 0474/496218, www.ansitz-heufler.it

Pragser Tal 48

€€ | Hohe Gaisl Außen steingrau auf wetterexponierter Hochebene in 2000 m Höhe, innen modernes Hotel mit komfortablen Zimmern, Sauna, Fitnessraum, Hallenbad und gutem Restaurant. Wellnessangebote auch für Kinder, z.B. Snow Kids Beinmassage. ■ Plätzwiese 60, 39030 Prags, Tel. 0474/646360, www.hohegaisl.com

Toblach 49

€€ | Dolomiti Residence Ariston Apartmenthaus im Ortskern mit großzügigen Ferienwohnungen für bis zu sechs Personen. Durch die zentrale Lage mit Bushaltestelle vor und Supermarkt im Haus untertags sehr belebte Umgebung. ■ Gustav-Mahler-Str. 1, 39034 Toblach, Tel. 0474/973319 , www.ariston-dolomiti.it

Sextental 50

€ | Agriturismo Obersanterhof Zu Gast auf dem Bio-Hof von Familie Pfeifhofer in der Ortsmitte. Es gibt echtes Hofleben, allerlei Tiere, herzhaftes Frühstück, eine Gästeküche, Grill im Garten. Dazu ein großartiges Wander- und Skigebiet ringsum. ■ Heideckstr. 9, 39030 Sexten-Moos, mobil 3472104844, www.obersanterhof.it

€€ | Rainer Hotel Teil des größeren Family Resort Rainer, das auch diverse Ferienwohnungen bietet. So ist für jeden Geschmack und Geldbeutel etwas dabei. Die umfangreichen Unterhaltungs-, Sport- und Wellnessangebote können alle Gäste nutzen. ■ St. Josefstr. 40, 39030 Sexten-Moos, Tel. 0474/710366, www.familyresort-rainer.com

€€ | Villa Stefania Hotelzimmer, Restaurant, Erholung, Garten – alles zum Wohlfühlen. Dazu Hausberg Haunold und Naturpark Drei Zinnen praktisch vor der Haustür. ■ An der Botenbrücke 1, 39038 Innichen, Tel. 0474/913588, www.villastefania.com

Bozener Land – willkommen im Süden

Am Zusammenfluss von Etsch und Eisack gehen Südtiroler Bodenständigkeit und mediterrane Leichtigkeit eine sympathische Verbindung ein

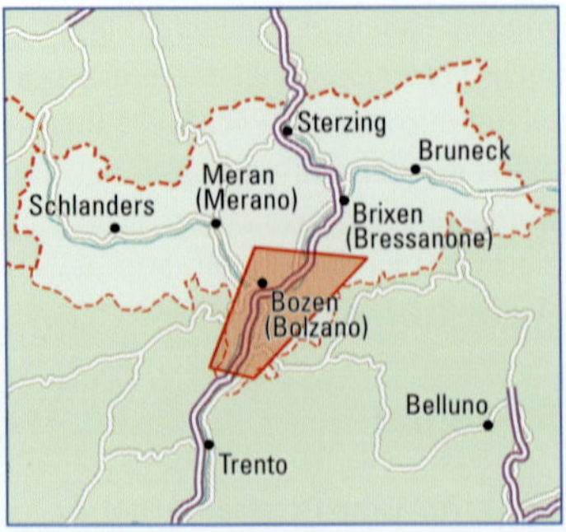

Das Bozener Land liegt genau in der Mitte – in der Mitte von Südtirol und in der Mitte zwischen dem nördlichen Alpenraum und dem südlichen Italien. Kaufleute, Bischöfe und weltliche Landesherren haben Bozen geprägt, das bis heute Landeshauptstadt und wirtschaftliches Zentrum Südtirols ist. Ein prächtiger Dom, einladende Laubengänge mit vielfältigen Geschäften, gute Restaurants, Kunst und Kultur kennzeichnen die malerische Altstadt.

Nördlich von Bozen erstrecken sich charaktervolle Täler, in denen oft noch Ladinisch gesprochen wird, mit weiten Wander- und Skigebieten. Südlich öffnet sich das Etschtal zum sog. Unterland. Hier ist Obst- und Weinbau allgegenwärtig, traditionsreiche Dörfer wie das burggeschützte Eppan, das sonnenverwöhnte Kaltern oder Tramin an der Weinstraße schmiegen sich an die Hänge. Seinen geografischen Abschluss findet Südtirol schließlich an der Salurner Klause, der Engstelle im Etschtal, die seit jeher als deutsch-italienische Sprachgrenze gilt.

In diesem Kapitel:

ADAC Top Tipps:

5 **Naturpark Schlern-Rosengarten**
| Natur |

In der bizarren Bergwelt erkennt man noch die Riffe des einstigen Urmeers, heute rufen Felsnadeln und Alpenglühen Bewunderung hervor. 59

6 **Bozener Weihnachtsmarkt**
| Markt |

Die ganze Altstadt im Lichterglanz, in den Gassen und unter den Lauben

ADAC Empfehlungen:

19 Grödner Tal
Val Gardena/Gherdëina

Skifahren, Schnitzen, Sprache – beliebter Dreiklang in den Bergen

Information

■ Tourismusverband Grödner Tal, Tel. 0471/777777, www.valgardena.it; Zweigstellen: Chemunstr. 9, 39047 St. Christina, Tel. 0471/777800; Reziastr. 1, 39046 St. Ulrich, Tel. 0471/777600; Mëisulesstr. 213, 39048 Wolkenstein, Tel. 0471/777900

Hinter der »Ladinischen Pforte«, einer Engstelle am Eingang des Grödner Tals, beginnt das Land der Ladiner. Von hier aus strebt es ostwärts den Dreitausendern von Langkofel- und Sellagruppe entgegen. Mit seinen bestens erschlossenen Höhen und dem gut ausgebauten Freizeitangebot zählt das Tal zu den meistbesuchten Urlaubsgebieten Südtirols.

Dabei war diese Beliebtheit zunächst nicht absehbar. In dem ebenso schnee- wie waldreichen Alpental verlegten sich bereits im 16. Jh. viele Bergbauern aufs Schnitzen. Wanderhändler vertrieben damals Spielzeug, Kruzifixe, Krippenfiguren und andere sog. Grödner Ware von Gardener Schnitzerfamilien wie Vinatzer, Demetzer oder Moroder.

ADAC Wussten Sie schon?

Der Musikproduzent **Giorgio Moroder** (* 1940) ist ein Spross der gleichnamigen Grödner Schnitzerfamilie. Ein weiterer berühmter Sohn des Tales ist der in St. Ulrich geborene Bergsteiger **Luis Trenker** (1892–1990).

Letztlich machten das Schnitzen und die schneesicheren Winter das Tal berühmt. Heute finden Aktivurlauber zahlreiche Lifte und Pisten als Teil von Dolomiti Superski, gesicherte Klettersteige, ausgeschilderte Wanderwege sowie Tages- und Nachtunterhaltung.

Städtisches und touristisches Zentrum im Tal ist der Luftkurort St. Ulrich (Ortisei/Urtijëi), fast schon zusammengewachsen mit St. Christina (Santa Cristina/Santa Crestina). Dritter größerer Ort an der Grödner Talstraße ist Wolkenstein (Selva Gardena/Sëlva), bevor am Talende Grödner Joch (2121 m) und Sellajoch (2242 m) nach Alta Badia und in die italienischen Dolomiten führen.

Sehenswert

Museum Gherdëina
| Museum |
Im ladinischen Kulturzentrum Cësa di Ladins informiert das Heimatmuseum über regionale Holzschnitzkunst, Archäologie, Geologie, Fauna und Flora des Tals sowie in einer kleinen Ausstellung über den Bergsteiger und Schauspieler Luis Trenker.

■ Reziastr. 83, St. Ulrich, Tel. 0471/797554, www.museumgherdeina.it, Mitte Mai–Mitte Okt. Mo–Fr 10–12.30, 14–18, Juli–Mitte Sept. zusätzl. Sa 10–12.30, Mitte Dez.–Anf. Jan. tgl. 14–18, Anf. Jan.–Mitte April Di–Fr 14–18 Uhr, 8 €, erm. 6 €, bis. 18 J. frei

Burg Wolkenstein
| Ruine |
Malerisch unter einem Überhang der Steviola-Felswand gelegene Burgruine am Eingang zum Langental und wie dieses ein beliebtes Wanderziel.

■ ab Wanderparkplatz nördl. von Wolkenstein jenseits des Langentalbachs

Die Holzschnitzkunst hat im Grödner Tal eine lange traditionsreiche Geschichte

Verkehrsmittel

Gardena Card Bietet an drei oder sechs aufeinanderfolgenden Tagen unbegrenzte Nutzung der Liftanlagen in Gröden. ■ www.gardenacard.com, 3 Tage 85 €, erm. 60 €, 6 Tage 115 €, erm. 80 €

Seil-, Gondel- und Großkabinenbahnen ab St. Ulrich nach Raschötz, Seceda, auf Grödner und Sellajoch sowie auf die Seiser Alm ■ Talstationen Raschötzstr., Annatalstr. und Setilstr.

Sessellift ab St. Christina zur Monte Pana und **Gondellift** zum Col Raiser (2106 m). Oben Sessellift von der nahen Fermeda-Hütte zur Seceda (2518 m), von dort weitere Seilbahn (s. o.) wieder hinab nach St. Ulrich ■ Talstationen Strada Pana und Gherdëina Ronda

Restaurants

€€€ | Anna Stuben Stern- und haubengekrönte feine Regionalküche im Gourmet- und Spa-Hotel Gardena Grödnerhof. ■ Vidalong Str. 3, St. Ulrich, Tel. 0471/796315, www.annstuben.it

€€–€€€ | Mauriz Keller Feines Restaurant und Pizzeria, zentral in der Fußgängerzone. ■ Reziastr. 32, St. Ulrich, Tel. 0471/793701, www.maurizkeller.com

Bar

Bar La Stua Après Ski in mehreren Stuben, Do und So Livemusik. ■ Frëinastr. 4, Wolkenstein, Tel. 0471/795072, www.la-stua.com

Einkaufen

Musterschau des Grödner Kunsthandwerks Überall in Gröden wird geschnitzt, auch auf Bestellung. Vor Ort gefertigtes Handwerk garantiert das »hand carved«-Siegel. Hier erhält man einen Überblick über das vielfältige Angebot. ■ Kongresshaus St. Ulrich, Kirchplatz, St. Ulrich, www.art52.it, tgl. 9–22 Uhr, Eintritt frei

Kinder

Mar Dolomit Frei- und Hallenbad mit Meeresströmung, Wellen, Rutsche und Sauna. ■ Promenade 2, St. Ulrich, Tel. 0471/797131, www.mardolomit.com, ganzjährig, Juni–April tgl. Kernzeiten 9.30–20 Uhr, Tageskarte ab 14,70 €, erm. 10 €

Events

Musik FestiVal Gardena Reihe von Sommerkonzerten mit klassischer Musik, gefördert u.a. vom Ladinischen Kulturbeirat. ■ St. Ulrich, St. Christina, Wolkenstein, Mitte Juli–Aug., www.valgardenamusika.com, www.jmgconcert.it

Wandern

Bergführer Vereinigung Gröden Organisiert sichere Erkundung der grandiosen Bergwelt mit erfahrenen Begleitern. ■ Nivesplatz, Wolkenstein, Tel. 0471/794133, www.gardenaguides.it

20 Seiser Alm
Alpe di Siusi/Mont Sëuc

Ausgedehnte Hochalm, bekannt für Wandern, Wintersport und Volksmusik

Information

■ Tourismusverein Seiser Alm, Compatsch 50, 39040 Seiser Alm, Tel. 0471/709600, www.seiseralm.it

Das wiesengrüne große Hochplateau der Seiser Alm gehört zum Naturpark Schlern, dessen gleichnamige Dolomitspitze neben Langkofel und Plattkofel über das Wander- und Wintersportgebiet wacht. Naturfreunde

Vor Langkofel und Plattkofel erstreckt sich die Seiser Alm als größte Hochalm Europas

Im Blickpunkt

Rosengarten – Steinerne Gärten, dem Himmel ganz nah

In der Dämmerung tauchen die Strahlen der auf-, vor allem aber der untergehenden Sonne die grauen Dolomitenwände in ein wahres Farbenmeer aus Rot und Gold. Geradezu überirdisch schön ist dieses Alpenglühen, ladinisch »Enrosadira« genannt – und nach wenigen Minuten auch schon wieder vorbei. Besonders eindrucksvoll kann man es am Rosengarten-Bergmassiv erleben. Hier befand sich der Sage nach einst der wundervolle Rosengarten des Zwergenkönigs Laurin. Doch als im Krieg Dietmar von Bern den König des alten Volkes gefangen fortführte, soll Laurin seinen geliebten Garten verflucht haben. Künftig solle niemand mehr »bei Tag oder Nacht« dessen Schönheit sehen. Doch die Dämmerung vergaß er und seither kann man in dieser kurzen Zeitspanne einen Blick auf Laurins untergegangenen üppig blühenden Zaubergarten werfen.

schwärmen besonders von dem Blütenteppich, der hier im Frühjahr die tieferen Lagen überzieht. Dörfliches Zentrum des 56 km² großen Almgebiets ist das stark touristisch geprägte Compatsch im Nordwesten, etwas ruhiger ist es weiter südlich in Saltria.
Ebenfalls viel besucht sind Kastelruth (Castelrotto), Seis (Siusi) und Völs am Schlern (Fié allo Sciliar), die stattlichen Bergdörfer am Fuß der Seiser Alm. Zum herbstlichen »Spatzenfest« in der Heimatgemeinde der Volksmusikgruppe Kastelruther Spatzen etwa bevölkern deutlich mehr Gäste als Einheimische die malerischen Gassen im bauernstolzen Dorfzentrum um die barocke Pfarrkirche St. Peter und Paul.

Sehenswert

Naturpark Schlern-Rosengarten

| Naturpark |

5 *Grandiose Naturkulisse, Bühne für fantastische Farbenspiele*

Der südliche Teil der Seiser Alm hat Anteil am Naturpark Schlern-Rosengarten. »Markenberge« sind Santner und Euringer sowie das zerklüftete Rosengartenmassiv. Zu dem bis auf rund 3000 m Höhe reichenden und 7291 ha großen Naturpark gehören auch die Bergwälder der Gemeinden Seis, Völs und Tiers sowie das Tschafon- und Tschamintal. Auerhühner sind hier zu Hause, Eulen, Fichtenkreuzschnäbel und Alpenweidenmeisen. Alpendohlen bevorzugen Schuttkare oder offene Mähder mit Moosen, Gräsern, Seggen und Binsen, oft bunt getupft von Krokus, Anemonen, Mehlprimeln und zahlreichen weiteren farbenfrohen Bergblumen.

■ Naturparkhaus Schlern-Rosengarten, Oswald von Wolkensteinplatz 6, Seis am Schlern,, Tel. 04 71/70 81 10; Infostellen im Park, naturparks.provinz.bz.it, Mo-Sa 8.30–12.30, 14–18, So 9–12 Uhr, Eintritt frei

Schloss Prösels

| Schloss |

Restauriertes Renaissance-Burgschloss in malerischer Alleinlage auf grünem Hügel. In den Sälen, die teils freskiert und mit historischen Waffen und Rüs-

ADAC Mobil

Die **Zufahrt zur Seiser Alm** ist von 9 bis 17 Uhr für Privatautos (außer Hotelgäste) gesperrt. Shuttlebusse verkehren ab Kastelruth oder Kabinenbahn ab Seis. *www.seiseralmbahn.it*

tungen ausgestattet sind, finden Konzerte und Ausstellungen statt.

■ Südl. nahe Völs, Tel. 0471/601062, www.schloss-proesels.it, Führungen Mai–Okt. So–Fr 11, 14, 15 Uhr, Juni, Sept. zusätzl. 16, Juli, Aug. zusätzl. 12, 13 und 16 Uhr, 9 €, erm. 5 €

Restaurants

€€ | Turmwirt In der getäfelten Stube oder im Garten kommen Schlutzkrapfen, Knödel oder Marillenragú auf den Tisch. ■ Kofelgasse 8, Kastelruth, Tel. 0471/706349, www.zumturm.com, Ende Mai–Ende Okt, Dez.–Ende März Do–Di

€€ | Vigilerhof Hotelrestaurant mit bodenständiger Küche, die angesichts der herrlichen Aussicht doppelt gut schmeckt. ■ St. Vigil Str. 29 (zwischen Seis und Völs), Seis am Schlern, Tel. 0471/706450, www.vigilerhof.it

Events

Oswald-von-Wolkenstein-Ritt Reiter in Tracht folgen den Spuren des adligen Dichterritters, es herrscht Volksfeststimmung bei Turnieren und Reitwettbewerben, vom Ringelstechen am Kofel in Kastelruth bis zum Hindernisgalopp am Völser Weiher. ■ www.ovwritt.com, Ende Mai/Anf. Juni

11 **Viehscheid, Seiser Alm** Nach rund drei Monaten auf der Alm ziehen im Herbst die Hirten mit den ihnen anvertrauten Weidetieren von der Seiser Alm nach Compatsch und von dort nach Kastelruth. Nach guter Saison führen geschmückte sog. Kranzkühe den Zug an. Höhepunkt im Tal ist das eigentliche »Vieh-Scheiden«, wenn die mit Sprühfarben markierten Schafe, Ziegen, Kühe und Pferde nach Besitzern getrennt werden. Der gesellige Teil umfasst einen Bauernmarkt, Musik, Tanz und Festzelt. ■ www.almabtriebe.de, meist um den Rosari-Samstag (Sa vor Erntedank), Sept./Okt., ab ca. 10 Uhr

21 Eggental
Val d'Ega

Die Große Dolomitenstraße führt mitten hinein in die erhabenste Bergwelt

Information

■ Tourist Info Eggental, Dorf 9A, 39050 Deutschnofen, Tel. 0471/619540, www.eggental.com

■ Tourist Info Welschnofen, Karersee, Dolomitenstr. 4, 39056 Welschnofen, Tel. 0471/619500, www.eggental.com

Eine der überwältigendsten Panoramastraßen der Alpen ist die 1860–1909 erbaute Große Dolomitenstraße. Sie führt durch den nördlichen Arm des Eggentals über das Talzentrum Welschnofen (Nova Levante), den Karersee und den Karerpass ins benachbarte Fassatal. Beidseits türmen sich die grauen, beim Alpenglühen rosarot gefärbten Dolomitzacken von Rosengarten und Latemar.

Das ladinische Eggental gabelt sich bei Birchabruck. Deutschnofen (Nova Ponente) ist der größte Ort im südlich verlaufenden Hauptarm des Eggentals, ebenfalls mit Zugang zum Latemar. Die beiden Schwestergemeinden Welsch- und Deutschnofen sind als Urlaubsziele gleichermaßen beliebt.

Sehenswert

Karersee

| Bergsee |

Malerisch spiegeln sich die bleichen Spitzen des Latemar in den grünen Wassern des anmutigen Bergsees, ebenso das gründerzeitliche Grandhotel, in dem bereits Kaiserin Sisi logierte. Der Zauber des wunderschönen Sees in 1540 m Höhe ist vor allem in den ruhigeren Morgen- und Abendstunden zu spüren.

■ 6 km östl. von Welschnofen, Parkplatz an der SS241 am östl. Seeufer

Gebietsmuseum Deutschnofen

| Museum |

Heimatkunde in einem romanischen Wohnturm von Schloss Thurn aus dem 13. Jh. Ein Schwerpunkt der Sammlung liegt auf regionaler Kirchenkunst.

■ Schloss-Thurn-Str. 1 (Sitz der Gemeinde), Deutschnofen, Tel. 0471/617500, Mo–Fr 8–12.30, Mo auch 14–17.45 Uhr, Eintritt frei

Verkehrsmittel

Kabinen-, Gondelbahn und Sessellift
Zunächst von Welschnofen zur Frommer Alm (1721 m), dort Talstation von Sessellift Laurin II Karersee/Paolinahütte und Gondelbahn zur Rosengarten-Hütte/Kölner Hütte (2339 m).

■ Talstation Welschnofen, Ortsteil Huenzensäge, Tel. 0471/612527, www.carezza.it, Einzelfahrt Kabinenbahn ab 16 €, Berg- und Talfahrt 22 €, Einzelfahrt Paolina 15 €, Berg- und Talfahrt 21 €

Schon Kaiserin Sisi ließ sich von der Schönheit des Karersees bezaubern

Restaurants

€€ | **Forellenhof** Forellen aus eigener Fischerei, auch die Pizzas sind beliebt. ■ Eggenbach 13, Karneid, Tel. 0471/36 5430, www.sportfischerei-woerndle.com, Mitte Feb.–Sept. Mi–Mo 12–14, 18–21, Pizza 17–23 Uhr, Okt.–Mitte Dez. Mi–Mo 18–20.30, Pizza 17–21.30 Uhr

€€ | **Hennenstall** Gegrilltes und lecker Pizza. ■ Karerseestr. 134, Karersee (Südostende), Tel. 0471/61 22 62, Mitte Juni–Okt. Fr–Di 9–23, Mi 9–17 Uhr

Wandern

Rosengarten und Latemar Wanderung z. B. über den Hirzlweg (Nr. 549) von den Seilbahnstationen der Paolinahütte oder Kölner Hütte. Die Runde um den Rosengarten bietet überwältigende Ausblicke, ca. 4 Std., 7,5 km, 700 Hm.

22 Bozen (Bolzano)

Quirlige Landeshauptstadt mit vielen Attraktionen

Cafés säumen den Waltherplatz im Zentrum der lebendigen Bozener Altstadt

Information

- Verkehrsamt Bozen, Südtiroler Str. 60, 39100 Bozen, Tel. 0471/307000, www.bolzano-bozen.it
- Parken: siehe S. 68

Für Einheimische und für seine zahlreichen Gäste hat Bozen einiges zu bieten: Die einen lieben Spaziergänge entlang der Talferpromenade, andere shoppen in den Lauben, dritte besuchen Südtirols Landeshauptstadt wegen ihrer Museen und Kunstschätze. Bozen ist mit gut 100 000 Einwohnern die größte Stadt der Provinz und wirtschaftlich sehr erfolgreich. Malerisch überragt von den Bergen des Rosengartens, liegt Bozens bezaubernde Altstadt an der Mündung des Flüsschens Talfer in den Eisack, der etwas weiter südlich in die Etsch fließt.

Als Gründer Bozens gilt Bischof Ulrich II. von Trient, der im 11. Jh. am Ufer der Taufer einen Kornplatz anlegen ließ. 1277 eroberte Graf Meinhard II. von Tirol das Handelszentrum, seitdem gehört Bozen zu Tirol. 1796 schworen die Tiroler Stände in Bozen ihren »Bund mit dem göttlichen Herzen Jesu« zur Verteidigung ihres Landes gegen Franzosen und Bayern –

was fehlschlug. Der neue Landesherr ließ den Maximiliansplatz, den heutigen Waltherplatz, anlegen.

Im faschistischen Italien des 20. Jh. machte schließlich Benito Mussolini 1919 Bozen zur Hauptstadt der neuen Provinz Bolzano und siedelte zahlreiche Italiener an. Nach wie vor haben rund drei Viertel der Bozener Italienisch als Muttersprache. Weil aber die meisten zweisprachig sind, spielt das kaum eine Rolle für die Besucher, die diesem Schmelztiegel der Kulturen und Nationen an der Nahtstelle zwischen Nord und Süd in immer größerer Zahl ihre Aufwartung machen.

Plan S. 64/65

Sehenswert

1 Waltherplatz

| Platz |

6 *Winterzauber beim lichterfrohen Christkindlmarkt*

Der verkehrsberuhigte belebte Platz verbindet den Dom im Süden mit den Cafés und Geschäften der beginnenden Laubengassen im Norden. Im Advent ist hier das Zentrum des Bozener Weihnachts- oder Christkindlmarktes, der die Altstadt in nach Gebäck und Glühwein duftenden Winterlichterzauber hüllt. Hier findet man in tannenzweiggeschmückten Holzhütten traditionellen Weihnachtsschmuck aus Holz, Glas oder Keramik, Schönes und Kitschiges sowie köstliches Weihnachtsgebäck wie die Lebkuchen-Spezialität »Bozner Zelten«.

■ www.christkindlmarktbz.it

2 Dom Maria Himmelfahrt

| Dom |

62 m hoch ragt der sandsteinrote Viereckturm mit den filigranen Steinmetzarbeiten an seiner Spitze über dem buntgedeckten Kirchendach auf. Von der Ausstattung der Dompfarrkirche blieb nur wenig erhalten, darunter

ADAC Mobil

In Bozen gilt Mo–Fr 7–10 und 16–19 Uhr ein Fahrverbot für Fahrzeuge der Euroklassen 0 und 1 sowie Diesel bis Euroklasse 4. Aktuelle Infos und betreffende Zonen unter: www.provinz.bz.it/guteluft

Bozen
a
b
c
1
2
3
4
5
Villa Zeltnerheim
Defreggerstr.
Fagenstraße
Post
Guntschnastr.
Lagederweg
L.-Cadorna-Str.
Michael-Pacher-Str.
Segantinistr.
Knollerstr.
Lienz Str.
Herzog-park
Evangelisch-Lutherische Kirche
Max-Valier-Str.
Prinz-Eugen-Allee
Montellostr.
13
Alte Pfarrkirche in Gries
Glaninger Weg
Kreuzg.
Vittorio-Veneto-Str.
Kloster Muri-Gries
Wentergasse
Armando-Diaz-Str.
Schmeidg.
Penegalstr.
Gries Stadttheater
Freiheitsstr.
G.-Manci-Str.
M.-Longon-Str.
Dreiheiligenstr.
Cesare-Battisti-Str.
Talfer
Talfer Brücke
Stadtmuseum
Dreiheiligen Kirche
Duca-d'Aosta-Allee
Italienallee
Alte Mendelstr.
Amba-Alagi-Str.
Horazstr.
Peter-Mayr-Str.
Antonio-Rosmini-Str.
Auditorium Roen
Roenstr.
Landesgericht Bozen
Via Orazio
Quireiner Str.
Venedigerstr.
Kirche Christ König
Fiumestr.
Muse
Michael-Gaismair-Str.
Mariaheimweg
Zara Str.
Drususallee
Drususbrück
Palermostr.
Torquato Taramelli Weg
Vicenzastr.
Veronastr.
Rovigostr.
Neustifterweg
Florenzerstr.
Regina Pacis
Dalmatienstr.
Triester Str.
Drusus-Stadion
Romstraße
Rodistr.
Turiner Str.
Bergamostr.
Freibad
Mailandstr.
Aostastr.
Rombrücke
Trientstraße
Eisack
Brennerautobahn

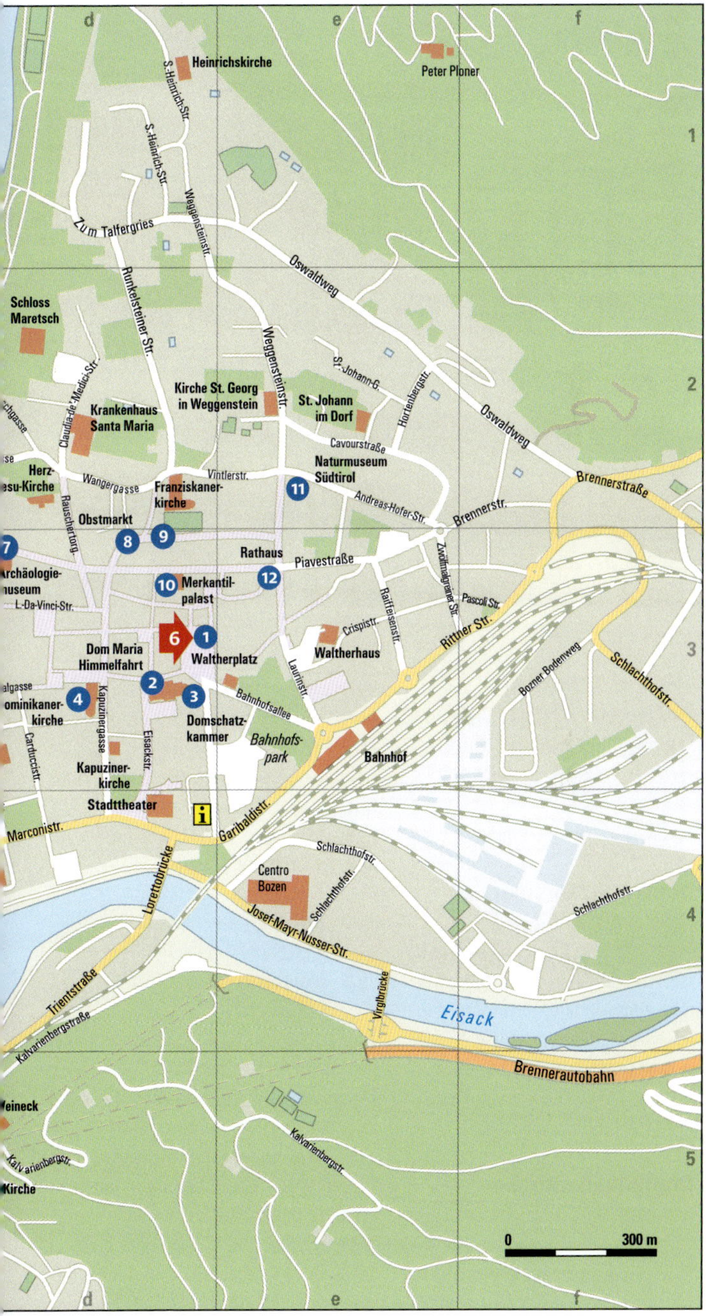
Heinrichskirche
S.-Heinrich-Str.
Peter Ploner
Zum Talfergries
Weggensteinstr.
Oswaldweg
Schloss Maretsch
Runkelsteiner Str.
Claudia-de'-Medici-Str.
Krankenhaus Santa Maria
Kirche St. Georg in Weggenstein
St. Johann im Dorf
St.-Johann-G.
Hörtenbergstr.
Cavourstraße
Naturmuseum Südtirol
Andreas-Hofer-Str.
Brennerstraße
Brennerstr.
Vintlerstr.
Wangergasse
Franziskanerkirche
Herz-Jesu-Kirche
Rauschertorg.
Obstmarkt
Rathaus
Piavestraße
Archäologiemuseum
L.-Da-Vinci-Str.
Merkantilpalast
Raiffeisenstr.
Zwölfmalgreiner Str.
Pascoli Str.
Crispistr.
Rittner Str.
Dom Maria Himmelfahrt
Waltherplatz
Waltherhaus
Laurinstr.
Schlachthofstr.
Bozner Bodenweg
Dominikanerkirche
Kapuzinergasse
Bahnhofsallee
Domschatzkammer
Bahnhofspark
Bahnhof
Carduccistr.
Eisackstr.
Kapuzinerkirche
Stadttheater
Marconistr.
Garibaldistr.
Centro Bozen
Lorettobrücke
Josef-Mayr-Nusser-Str.
Trientstraße
Virglbrücke
Eisack
Kalvarienbergstraße
Brennerautobahn
Kalvarienbergstr.
Kirche
0 300 m
d e f
1 2 3 4 5
1 2 3 4 6 7 8 9 10 11 12

Das Museion am Ufer der Talfer zeigt moderne und zeitgenössische Kunst

die gotische Sandsteinkanzel und die um 1500 gemalte »Plappermadonna« an der Nordseite des Chors.

■ Pfarrplatz 27, www.dompfarre.bz.it, Touristen: Okt.–Aug. Mo–Sa 10–17, So 11–17, Sept. Mo–Sa 10–12, So 11–12 Uhr

3 Domschatzkammer

| Museum |

Kirchenschätze wie liturgisches Gerät, kostbare Gewänder, Prozessionsfahnen und Reliquien sind nebenan in einem Museum sakraler Kunst in der angebauten Alten Propstei zu sehen.

■ Pfarrplatz 27, Tel. 0471/978676, Di–Sa 10–12.30 Uhr, 3 €, erm. 2 €und 1 €

4 Dominikanerkirche

| Fresken |

Die Johanneskapelle der Klosterkirche ist vollständig ausgemalt. Die um 1340 im Stil der frühen Bozener Malerschule entstandenen Bilder sind sehr schön erhalten und zeigen Szenen aus dem Leben Mariens sowie der Heiligen Johannes und Nikolaus. Die etwas jüngeren Fresken im anschließenden Kreuzgang stammen von Friedrich Pacher aus der Brixener Schule.

■ Dominikanerplatz, Mo–Sa 9.30–17, So 12–18 Uhr, Kreuzgang April–Okt. Sa 10–12 Uhr

5 Museion

| Museum |

Der auffällige Kubus mit der opaken Fassade am Ufer der Talfer beherbergt moderne und zeitgenössische Kunst des 19. und 20. Jh. aus Südtirol und dem Trentino, ergänzt oft durch spannende Wechselausstellungen auch internationaler Künstler.

■ Piero-Siena-Platz 1, www.museion.it, Di–So 10–18, Do bis 22 Uhr, 10 €, erm. 5 €, Do 18–22 Uhr Eintritt frei

6 Stadtmuseum

| Museum |

Kunst vom Mittelalter bis zur Barockzeit, mit Schwerpunkt auf Ars Sacra, insbesondere Altäre und Heiligenfiguren. Weitere Themen sind Volksfrömmigkeit und Südtiroler Trachten.

■ Sparkassenstr. 14, www.gemeinde.bozen.it, Di–So 10–18 Uhr, Eintritt frei

7 Südtiroler Archäologiemuseum

| Museum |

12 *Ein eigenes Haus für die Gletschermumie Ötzi und ihre Zeit*

Dieses Museum wurde errichtet als hochmoderne Ruhestätte von Ötzi. Die rund 5300 Jahre alte Mumie war 1991 zufällig unterhalb des Hauslabjochs am Similaungletscher entdeckt worden. Die beiliegenden Alltagsgegenstände wie Beil, Pfeile und Bogen, Heuschuhe, Fellmütze, Grasmantel und Birkenrindenbehälter sind, bestens wissenschaftlich aufbereitet, heute im Museum zu sehen. Auch auf die Überreste von Ötzi selbst in einer Kältekammer können Besucher einen Blick werfen.

■ Museumstr. 43, www.iceman.it, Di–So 10–18, Juli–Sept. und Dez. tgl., Zugang zu Ötzi mit Zeitfenster, ggf. Wartezeiten, Tickets auch online, 13 €, erm. 10 €

ADAC Wussten Sie schon?

Ötzi, der »Mann aus dem Eis«, war zu Lebzeiten wohl 1,59 m groß, 46 Jahre alt und tätowiert. Er wog um die 50 kg, hatte abgenutzte Zähne, jedoch keine Karies. Aber er litt unter Gefäßverkalkung und Stress, hatte Erfrierungen am linken Fuß – und starb im Frühjahr an einem Pfeilschuss in den Rücken.

8 Obstmarkt

| Wochenmarkt |

Fröhlicher Trubel umfängt Besucher auf dem Bauernmarkt am westlichen Ende der Laubengasse. Das bunte Angebot ist eine wahre Augenweide. Äpfel und Kastanien aus Südtirol stehen neben Jackfrucht und Minibananen aus Übersee, Marktfrauen preisen ihre Ware an, Imbisse duften verlockend.

■ Mo–Fr 8–19, Sa 8–13 Uhr

9 Laubengasse

| Stadtbild |

Die beidseits von historischen Bauten gesäumte Laubengasse ist Inbegriff der stimmungsvollen Bozener Altstadt. Typisch sind die Balkone und Erker an den Fassaden sowie die ebenerdig hinter Arkadengängen liegenden Ladengeschäfte. Hier darf und wird nach Herzenslust gebummelt und flaniert.

10 Merkantilpalast

| Architektur |

Typisches Bozener Laubenhaus: um einen Arkaden-Innenhof gebaut und Fassaden nach zwei Straßen hin. Im 1. Stock ist das stadt- und wirtschaftsgeschichtliche Merkantilmuseum der Handelskammer Bozen untergebracht.

■ Laubengasse 39, Tel. 0471/945702, www.handelskammer.bz.it, Mo–Sa 10–12.30, Do 10.30–13, 14–16 Uhr, 4 €, erm. 2 €

11 Naturmuseum Südtirol

| Museum |

Das Museum im ehemaligen Amtshaus (1512) von Kaiser Maximilian I. erläutert den erd- und naturgeschichtlichen Werdegang Südtirols und seiner unterschiedlichen Landschaften.

■ Bindergasse 1, Tel. 0471/412964, www.naturmuseum.it, Di–So 10–18 Uhr, 7 €, erm. 5 €

Plan S. 64/65

Meisterwerk der Schnitzkunst: der Marienkrönungsaltar von Michael Pacher

12 Rathaus

| Fassade |

Am Rathausplatz fällt unter den Barock- und Rokokofassaden das 1904–07 erbaute neobarocke Rathaus mit einigen Jugendstilelementen auf.

13 Alte Pfarrkirche in Gries

| Altar |

Die Erasmuskapelle ziert ein großartiger Schnitzaltar von Michael Pacher. Er setzte hier die Krönung Mariens kunstvoll in Szene, im Schrein und den Flügelreliefs begleitet von Gottvater und -sohn, Engeln, den Heiligen Drei Königen und anderen Heiligen.

■ Martin-Knoller-Str., Vorort Gries-Quirein, April–Okt. Mo–Fr 10–12, 14.30–16 Uhr

Verkehrsmittel

Bahnhof Haltepunkt aller Fern- und Regionalzüge. ■ südl. der Altstadt, www.suedtirolmobil.info, Plan S. 64/65 e3

Busbahnhof Drehscheibe des gut ausgebauten innerstädtischen Busnetzes sowie zahlreicher Linien innerhalb Südtirols. ■ Rittner Str., www.sasabz.it, Tel. 0471/220880, Plan S. 64/65 e3

Parken

Tiefgarage Walther P3 Sehr zentral gelegen. ■ Bahnhofstr./Waltherplatz, 7–20 Uhr 2,70 €/Std., 20–7 Uhr 1 €/Std., Tagesticket 19 €, Plan S. 64/65 e2

Restaurants

€–€€ | Weißes Rössl In dem Traditionsgasthof sind Knödel und regionaltypische deftige Gerichte beliebt. ■ Bindergasse 6, Tel. 0471/973267, www.weissesroessl.org, Mo–Fr 12–24, Sa 18–24 Uhr, Plan S. 64/65 d2

€€ | Vögele In mehreren kleinen Gasträumen isst man verfeinert-klassisch. ■ Goethestr. 3, Tel. 0471/973938, www.voegele.it, Mo–Fr 11–16, 18–23, Sa 11–16 Uhr, Plan S. 64/65 d3

Cafés

Konditorei Karin Kastanienherzen, Liebesknochen, Torten, Kuchen, süße Teilchen ... mmh. ■ Wangergasse 47 (nahe Obstmarkt), Tel. 0471/978722, www.meinkuchen.com, Mo–Fr 8.30–12.30, 14.30–18.30, Sa 8–13 Uhr, Plan S. 64/65 d3

Einkaufen

Südtiroler Werkstätten Südtiroler Handwerksprodukte, von Federkielstickereien bis zu Holzgeschnitztem. ■ Laubengasse 39 (Merkantilpalast), Mo–Sa 9.30–18 Uhr, Plan S. 64/65 d2

Events

Rittner Sommerspiele Konzerte, Theater und andere Kulturveranstaltungen, meist unter freiem Himmel ■ mehrere Spielorte, u. a. Kommendehof in Lengmoos oder Schloss Prösels, www.rittnersommerspiele.com, Mitte Juli–Mitte Aug.

Wandern

Ritten (Renon) Wandern auf dem Hochplateau über Bozen, überragt vom »Hausberg« Rittner Horn. Eine schöne Route ist der Rittner Themenweg ab Oberbozen oder Klobenstein, der in knapp 2 Std. u. a. an den Erdpyramiden von Pemmern (hier auch Parkplatz) vorbeiführt. ■ www.ritten.com

In der Umgebung

Schloss Runkelstein

| Fresken |

13 *Bunte Fresken in Wohnburg und Sommerhaus der alten Feste*

Selbstbewusst thront die im 13. und 14. Jh. erbaute Wehrburg auf steilem Fels über dem Flüsschen Talfer und der Sarner Schlucht. Sie ist berühmt für ihre zauberhaften Fresken aus dem 14. Jh. Zu sehen sind feine Damen und schmucke Herren, die heitere Gesellschaft tanzt, spielt Ball und ist charmant. Die häufig abgebildete anmutige Dame in Rot mit dem blonden Zopf soll Margarete Maultasch zeigen, die letzte Gräfin von Tirol.

■ Kaiser-Franz-Josef-Weg, Tel. 0471/329808, www.runkelstein.info, Mitte März–Okt. Di–So 10–18, sonst bis 17 Uhr, 8 €, erm. 5,50 €

ADAC Spartipp

Während der Öffnungszeiten des Schlosses verkehrt Fr–So 9.30–17.30 Uhr ein **kostenloser Shuttlebus** zwischen Waltherplatz (neben dem Taxistand) und Bushaltestelle Runkelstein.

Schloss Sigmundskron

| Museum |

Der Beziehung von Mensch und Berg widmete Reinhold Messner sein Messner Mountain Museum Firmian auf Schloss Sigmundskron. Dafür bietet die zurückhaltend restaurierte Ruine der einst größten Festung Tirols die perfekte Kulisse. Passend ist auch der Kontrast zwischen Dolomiten und Texelgruppe zu der zersiedelten Bozener Ebene.

■ Sigmundskroner Str. 53, Tel. 0471/631264, www.messner-mountain-museum.it, 3. So im März–2. So im Nov. Fr–Mi 10–18 Uhr, 13 €, erm. Kinder/Senioren. 5/11 €

23 Sarntal
Val Sarentino

Ruhiges Tal, bekannt für Traditionspflege und Kunsthandwerk

Information

■ Tourismusverein Sarntal, Kirchplatz 9, 39058 Sarnthein, Tel. 0471/623091, www.sarntal.com

Eine landschaftlich sehr schöne, doch kurvenreiche Alternativroute führt im Sommer auf der SS508 von Sterzing nach Bozen über das 2214 m hohe Penser Joch und weiter südwärts durch das Sarntal. Dieses besitzt einige kunsthistorisch interessante Kirchlein und wie

Gelebtes Südtiroler Brauchtum können Besucher beim Sarner Kirchtag kennenlernen

aus der Zeit gefallene Weiler. Erholung suchende Genießer, Naturfreunde und Wanderer schätzen die unaufgeregte Stimmung. Angenehme Wanderungen führen ins Durnholzer Tal, das beim 2000-Seelen-Hauptort Sarnthein abzweigt. Hier versteckt sich über dem gleichnamigen Dorf (1492 m) auch das überschaubare Ski- und Wandergebiet Reinswald. Die knapp 7000 Sarntaler pflegen selbstbewusst ihre Traditionen. So ist das Sarntal bekannt für seine Feste wie etwa den Sarner Kirchtag und althergebrachtes Handwerk wie die aufwendige Federkielstickerei.

Restaurants

€€ | Pichlberg Bergrestaurant mit mediterran beeinflusster Südtiroler Küche auf 2130 m Höhe. ■ Bergstation Reinswald, Tel. 0471/095585, www. pichlberg.it, tgl. 8.30–17.30 Uhr

Einkaufen

Sarner Federkielstickerei Hosenträger, Gürtel, Ranzen u.v.m. mit kunstfertiger Federkiel-Verzierung. ■ Europastr. 77, Sarnthein, Tel. 0471/622363, www.federkielstickerei.eu

ADAC Mittendrin

Beim **Sarner Kirchtag,** einem großen Volks- und Kirchenfest in Sarnthein jedes Jahr am 1. Septemberwochenende, wird Südtiroler Tradtion hautnah erlebbar. Zum Programm des dreitägigen Fests gehören viel Musik, Volkstänze, eine Prozession, ein großer Festumzug sowie Speis und Trank. Männer tragen zu diesem Anlass oft Sarntaler Tracht, also federkielverzierten Leibgurt (Fatsch) und Hosenträger (Krax).

In der Umgebung

Reinswald

| Ski- und Wandergebiet |

Um Pichlberg und Morgenrast Kabinenbahn, Sessel- und Schlepplifte, Teil der Ortler Skiarena. Ab Bergstation 5 km lange Naturrodelbahn. Loipe, Natureisbahn und Schneeschuhwandern im Durnholzer Tal.

■ Talstation Reinswald 129, Tel. 0471/625132, www.sarntal.com, Einzelfahrt 9,50 €, erm. Kinder/Senioren 7/9 €, Berg- und Talfahrt 15,50 €, erm. 10,50/14,50 €

24 Eppan an der Weinstraße

Appiano sulla Strada del Vino

Sinnesfreuden dank Wein und mittelalterlicher Fresken

Information

■ Tourismusverein Eppan an der Weinstraße, Rathausplatz 1, 39057 Eppan, Tel. 0471/662206, www.eppan.com

■ Verein Südtiroler Weinstraße, Tel. 0471/860659, www.suedtiroler-weinstrasse.it

Südlich von Bozen weitet sich das Tal der Etsch, Obst- und Weinplantagen reichen weit die steilen Hänge hinauf. Erste Station an der hier beginnenden Südtiroler Weinstraße ist Eppan. Die Samtgemeinde ist ein beliebtes Urlaubsziel mit mehreren Dörfern und historischen Ansitzen. Verwaltungssitz ist St. Michael, wie das benachbarte St. Pauls ein schmuckes Weindorf am Hang. Beide Ortsteile besitzen große Kirchen und stattliche Höfe an porphyrgepflasterten Altstadtgassen. Steige und Pfade wie etwa der Eppaner Höhenwanderweg durchziehen die Wein- und Obstgärten der Umgebung. Ihren Teil zu dieser malerischen Kulturlandschaft trägt Burg Hocheppan bei. Sie ist die bekannteste einer ganzen Reihe von Burgen und Schlössern, die von den Höhen entlang der Weinstraße grüßen. Nicht umsonst wird die hiesige Region Überetsch auch scherzhaft »Adelsparadies« genannt.

Sehenswert

Burg Hocheppan

| Fresken |

Neben Schloss Korb und Burg Boymont drittes Mitglied im Burgendreieck auf der Hochterrasse von Perdoning. Die ausgedehnte Burganlage ist z. T. recht baufällig. Bestens erhalten ist jedoch die auch außen farbenprächtig freskierte Burgkapelle. Die romanischen Bilderzyklen im Inneren mit byzantinischem Einfluss kulminieren in einer thronenden Muttergottes mit dem segnenden Jesuskind auf dem Arm. Ganz unorthodox witzig sind Details wie etwa die Bäuerin, die im Stall von Bethlehem einen Knödel isst.

■ Hocheppanerweg 16 (über Missian), www.hocheppan.it, Mai–Sept. Do–Di 10–18 Uhr, Okt. tgl., Fresken-Führungen Mai–Sept. 11–16 Uhr

Schloss Moos-Schulthaus

| Heimatmuseum |

Der historische Ansitz beherbergt das volkskundliche Museum für Wohnkultur aus dem Mittelalter, interessant kontrastiert von einer Galerie mit Werken Tiroler Künstler des 20. Jh.

■ Schulthauserweg 4, Eppan Berg, Tel. 0471/053906, www.moos-schulthaus.it, Ostern–Okt. nur mit Führung Do–So 10, 11, 15 und 16 Uhr, 7 €, erm. 5 €

Eislöcher

| Naturphänomen |

Am Fuß des 935 m hohen Gandbergs tritt an einigen Stellen aus Gebirgsspalten und -röhren kühlschrankkalte Luft aus, sodass sich stellenweise sogar im Hochsommer Eis bildet. Das Naturphänomen fördert in engem Umkreis eine einzigartige alpine Pflanzenwelt.

■ Wanderweg Nr. 15 ab Englar bzw. Schloss Moos-Schulthaus

Restaurants

€€–€€€ | Stroblhof Feine Regionalküche in hübscher Umgebung am Weinhang. ■ Pigenoer Weg 25, Eppan-St. Michael, Tel. 0471/662250, www.stroblhof.it, Anf. April–Anf. Nov. Di–So

Kinder

Lido Montiggl Naturbad am Großen Montiggler See, das mit Wasserrutsche und Tretbootverleih zusätzliches Vergnügen bietet. Es gibt eine große Liegewiese, außerdem auch ein beheiztes Becken. ■ Montigglerstr. 55, Montiggl, www.eppan.com, Mitte Mai–Anf. Juni tgl. 10–18, Anf. Juni–Mitte Sept. tgl. 9–19 Uhr, Tageskarte 8,50 €, erm. 4 €

25 Kaltern an der Weinstraße
Caldaro sulla Strada del Vino

Seebäder und aussichtsreiche Höhen rahmen berühmte Weinberge

Information

■ Tourismusverein Kaltern am See, Marktplatz 8, 39052 Kaltern, Tel. 0471/963169, www.kaltern.com

Um Kaltern-Dorf gruppieren sich weitläufig Fraktionen der wohlhabenden Weinbauern-Gemeinde (7000 Einw.) wie St. Anton, Mitterdorf oder St. Josef am See. Überall finden sich propere Höfe, stolze Kirchen – und natürlich ausgedehnte Weingärten.

Bekannt ist der hiesige Rotwein Kalterer See. Er heißt nach dem mit 1,4 km² Wasserfläche größten natürlichen See Südtirols. Während sich am Westufer im Sommer die Schwimmer und Surfer vergnügen, steht der breite Schilfgürtel am flachen Südende des Sees als Wasservogel-Brutgebiet unter Naturschutz. Rund um den Kalterer See ist ein 7,5 km langer Naturkundepfad ausgeschildert.

Sehenswert

Südtiroler Weinmuseum

| Museum |

Hübsche historische Anwesen, stattliche Höfe und schmucke Handwerkshäuser säumen den Marktplatz und die Marktgasse von Kaltern-Dorf, hoch ragt der frei stehende Turm der klassizistischen Pfarrkirche über dem Ensemble auf. Keine Frage, der Wein hat Kaltern reich gemacht. Einen umfassenden Überblick über diese Geschichte gibt das hiesige Weinmuseum, in dem u.a. die älteste Torggel (Weinpresse) Südtirols zu sehen ist.

■ Goldgasse 1, Tel. 0471/963168, www.weinmuseum.it, April–Mitte Nov. Di–Sa 10–17 Uhr, 6 €, erm. 4,50 €

Verkehrsmittel

Mendelbahn Standseilbahn von Kaltern-St. Anton auf den Mendelpass (1363 m); die verglasten Panoramawagen überwinden auf ihrem 2,4 km lan-

Rund um den Kalterer See steigen ausgedehnte Weinhänge sanft in die Höhe

gen Weg nach oben Steigungen von bis zu 64%. ■ Talstation St. Anton 58, oberhalb von Kaltern-Dorf, gut ausgeschildert, Einzelfahrt 6 €, Berg- und Talfahrt 10 €

Parken

Großparkplatz St. Josef am See beim Lido am Kalterer See, ab ca. April–Okt. tgl. 9–18 Uhr kostenpflichtig (1,20 €/Std.).

Restaurants

€–€€ | Seeperle Familiärer Landgasthof am Abzweig zum See. Eigenes Weingut. ■ St. Josef am See 28, Tel. 0471/960158, www.seeperle.com, tgl. 12–14, 17.30–21 Uhr

€€–€€€ | Weißes Rößl Gehobene regionale Küche mit internationalen Anklängen, dazu feine Weine aus eigenem Anbau. ■ Marktplatz 11, Kaltern-Dorf, Tel. 0471/963137, www.weisses-roessl-kaltern.com, tgl. 11.30–21 Uhr

Einkaufen

Weingut Manincor Ökologisch-nachhaltiger Weinbau. Verkostung und Verkauf der edlen Tropfen am Weinberg mit wunderbarer Aussicht auf den Kalterer See. ■ St. Josef am See 4, Tel. 0471/960230 www.manincor.com, Mo–Fr 9.30–18, Sa 10–17 Uhr

winecenter Moderne Enoteca am Ortsrand von Kaltern, direkt an der Südtiroler Weinstraße, in der mehr als 400 Winzer der Region sich und ihre Produkte vorstellen. ■ Bahnhofstr. 7,

ADAC Spartipp

Freier **Seezugang** inkl. unentgeltlicher **Nutzung eine kleinen Badestegs** ist möglich. Zugang über das Tor sich nördl. neben dem Restaurant Lido. Mehr Komfort finden Badefreunde freilich im benachbarten Strandbad Lido (S. 74).

ADAC Mobil

In 17 Spitzkehren steigt die ganzjährig befahrbare Straße zwischen Kaltern und dem **Mendelpass** auf knapp 15 km rund 960 Höhenmeter. Oben, am 1363 m hohen Pass, gibt es für Ausflügler reichlich **Parkplätze**.

Kaltern-Dorf, Tel. 0471/966067, www.kellereikaltern.com, Mo–Fr 9–19, Sa 9–18, So 10–18 Uhr

Sport

Zwei **Freibäder** (insg. vier) mit Becken, Seezugang, Badestegen und Restaurants am Westufer des Kalterer Sees:

Gretl am See ■ St. Josef am See 18, Tel. 0471/960273, www.gretlamsee.com, Ostern–Sept. tgl. 8–18 Uhr, 6 €, erm. 4 €

Lido ■ St. Josef am See 16, Tel. 0471/960034, Mai–Okt. tgl. 9–18, Juni–Aug. bis 19 Uhr, 8 €, erm. 4 €

26 Tramin an der Weinstraße

Termeno sulla Strada del Vino

Liebliche Weingärten und bestialische Fresken auf der sonnigen Talseite

Information

■ Tourismusverein Tramin an der Weinstraße, Mindelheimer Str. 10 A, 39040 Tramin, Tel. 0471/860131, www.tramin.com

Der Gewürztraminer machte das schmucke Weindorf mit seinen breiten Höfen und aneinandergebauten Wohnhäusern an teils steilen, kopfsteingepflasterten Gassen weltbekannt. So leisten sich die Traminer denn auch den mit 93 m höchsten gemauerten Kirchturm Südtirols. Bedeutend kleiner ist das Kirchlein St. Jakob in Kastelaz, das aber einen »höllischen« Freskenschatz birgt. Der Weg hinauf ist Teil eines abwechslungsreichen Wegenetzes, zu dem auch ein Wein-Naturlehrpfad und der Geo-Pfad in eine Schlucht des Mendelkamms gehören.

Sehenswert

Dorfmuseum

| Museum |

Das heimatkundliche Museum erweist sich als Schatzkästchen der Regionalgeschichte, vom intakten Uhrwerk der früheren Kirchturmuhr über Weinkunde (Traminer-Sammlung aus aller Welt und Verkostung) bis zur Vorstellung des Egetmann-Umzugs (S. 76).

■ Rathausplatz 9, mobil 3285603645, www.hoamet-tramin-museum.com, Ostern–Okt. Di–Fr 10–12, Mi zusätzl. 16–18 Uhr, 3,50 €, Führung Gewürztraminer mit Verkostung, Mi, Do 10.30–12 Uhr 10 €

St. Jakob in Kastelaz

| Fresken |

14 *Bilderbuch von Heiligen und Fabelwesen*

Auf einem Hügelplateau über Tramin thront das romanische Kirchlein mit seinem trutzigen Viereckturm. Der Kirchenraum empfängt mit einer überwältigenden Fülle an Fresken. Schön sind die zwischen 1200 und 1400 entstandenen Darstellungen christlicher Legenden. Eine Klasse für sich aber sind die gotischen Gruselfresken im Sockelbereich des Chors. Hier hetzen im sog. Bestiarium Tiermenschen und Fabelwesen gegeneinander, man sieht Zentauren, hundeköpfige Berserker

und schuppige Drachenschlangen. Ob hier vor Trunksucht gewarnt wird oder vor der ewigen Verdammnis, bleibt allerdings wohl für immer ein Rätsel.
■ Mitte März–Anf. Nov. tgl. 10–18, sonst Sa und So 10–16 Uhr, 2 €, Besichtigung nach Anmeldung beim Tourismusverein Tramin

Restaurants

€ | **Bürgerstube** Solide Küche, Weine der Region, wagenradgroße Pizzas. ■ Mindelheimer Str. 16 A, Tel. 0471/860048, restaurant-pizzeria-burgerstube-tramin.business.site, Di–Do 17–23, Fr–So 11–14, 17–23 Uhr

€€ | **Plattenhof** Gutes Essen und prämierte Weine aus eigenem Anbau lohnen den Weg hinaus in die Weinberge. ■ Söll 33, Tel. 0471/860162, www.plattenhof.it, Ostern–ca. Okt., Di–So 11.30–14, 17–21, Pizza bis 22 Uhr

Einkaufen

Cantina Tramin Modernes Zentrum der lokalen Winzergenossenschaft mit Verkostung und Verkauf (Gewürztraminer!). ■ Weinstr. 144 (nördl. Ortsausgang), Tel. 0471/096634, www.cantinatramin.it, Mo–Fr 9–18/19, Sa 9–17 Uhr

Hofstätter Garten Lokale Kellerei mit Vinothek. ■ Rathausplatz 7, Tel. 0471/861187, www.garten-hofstatter.com, Di–Sa 11–14.30, 18–23, So 10–14 Uhr

Psenner Werksverkauf der bekannten Destillerie südlich vor Tramin. ■ Bahnhofstr. 1, Tel. 0471/860178, www.psenner.com, Nov.–März Mo–Fr 9–12, 14–17, April–Okt. Mo–Fr 9–18, Sa 9–13 Uhr

Kinder

Egetmann-Umzug für Kinder Dieser findet alle geraden Jahre, im Wechsel

Der Gewürztraminer hat das kleine Weindorf Tramin in aller Welt bekannt gemacht

Voller Einsatz ist gefragt, wenn beim Egetmann-Umzug der Winter ausgetrieben wird

mit dem »großen« Umzug (s. u.) statt. Genauso originell, nur weniger wild. ■ www.egetmann.com

Erlebnisse

15 **Egetmann-Umzug** Alle ungeraden Jahre treiben die Traminer Burschen und Männer mit ungeheurem Spektakel den Winter aus. Eine besondere Rolle dabei spielen die »Wudelen« genannten drachenähnlichen Schnappviecher. Weitere mitwirkende Figuren bei dem archaischen Brauch sind Burgl und Burgltreiber, der Wilde Mann, der Weiße Bär, Jäger, Metzger, Rußweiber, die alte Zusl, der Verkünder und viele mehr – nicht zuletzt der Egetmann-Hansl und seine Braut. Den bizarren Zug komplettieren aufwendig gestaltete Wagen, von denen es Sägespäne und faulen Fisch auf die Zuschauermenge herabregnet. Und wer kein rußverschmiertes Gesicht hat, kann bei dem wilden Umzug nicht dabei gewesen sein! ■ www.egetmann.com, Faschingsdienstag ab 13 Uhr, 10 €, max. 10 000 Gäste zugelassen

In der Umgebung

Kurtatsch

| Weindorf |

Kurtatsch ist ein weiteres schmuckes Weindorf am Mendelkamm, der »Sonnenterrasse« des Tals. Die Ortschaft ist von Tramin aus über den einfach zu gehenden Kastelaz-Weg (5 km, 1,5 Std., 250 Hm) zu erwandern. In beiden Orten kann man in der Nacht des Herz-Jesu-Sonntags, des 3. Sonntags nach Pfingsten, sehr schön die sog. Herz-Jesu-Feuer (auch Johannifeuer) sehen, die zu dieser Zeit auf vielen Südtiroler Bergen entzündet werden. ■ www.suedtiroler-unterland.it

27 Neumarkt
Egna

Groß gewordenes Dorf mit Laubenhäusern an der südlichen Etsch

Information

■ Neumarkt-Egna Marketing, Lauben 28, 39044 Neumarkt, Tel. 0471/1431055, www.neumarkt-egna.it

Die charmanten Laubenhäuser von Neumarkt locken mit schmucken Läden und Cafés zum Bummel durch das spätmittelalterliche Zentrum. Hier erinnert das Ballhaus als einstiges Waren- oder Ballenlager an die frühere Bedeutung Neumarkts als Handelsstation an der Etsch. Im weiteren Umkreis laden waldreiche Berghänge, insbesondere des Regglbergs gleich bei Neumarkt, zu Ausflügen ein: zur Burgruine Caldiff etwa, auf den nahen Hügel Castelfeder, in den Naturpark Trudner Horn oder zu urigen Bergdörfern wie Pinzon, Kaltenbrunn oder Altrei.

Restaurants

€€€ | Johnson & Dipoli Kleines feines Restaurant in schicker Vinothek. ■ Andreas-Hofer-Str. 3, Tel. 0471/820323, www.johnson-dipoli.it, tgl. 10–1.30 Uhr

ADAC Wussten Sie schon?

Albrecht Dürer konnte 1464 auf seiner zweiten Italienreise wegen Überschwemmung nicht durch das Etschtal reisen. Seine Alternativroute über die Talhänge führt heute als **Dürerweg** von Neumarkt bis ins Trentino. *www.castelfeder.info*

28 Auer
Ora

Großes Weindorf in sonniger Lage mit historischem Ortskern

Information

■ Tourismusverein Castelfeder a. d. Südtiroler Weinstraße, Hauptplatz 5, 39040 Auer, Tel. 0471/810231, www.castelfeder.info

Die 3800-Seelen-Gemeinde passt mit historischen Ansitzen, einer spätgotischen Pfarrkirche mit romanischem Turm, gewölbeübermauerten Weinkellern und allen Geschäften des täglichen Bedarfs gut in das rührige Unterland. Der rote Porphyr, mit dem die Gassen des Weindorfes gepflastert sind, wird unweit nördlich in Branzoll gebrochen. Die Steinbrüche sind für Besucher allerdings nicht zugänglich, anders als die Buschenschänken in und um Auer. Einen Ausflug wert ist auch das Dorf Montan, das ebenso malerisch wie verwegen auf sonniger Höhe über Auer thront.

Sehenswert

Bletterbach-Klamm
| Schlucht |
Bis zu 400 m ragen die Felswände des 8 km langen »Grand Canyon Südtirols« steil empor. Ein Geoweg in der Klamm informiert über ihre Entstehung nach der letzten Eiszeit und weist auf besondere Flora und Fauna hin.
■ Besucherzentrum Geoparc Bletterbach, Lerch 40 (ca. 20 km nordöstl. von Auer), Aldein, Tel. 0471/886946, www.bletterbach.info, Mai–Okt. tgl. 9.30–18 Uhr, 7 €, erm. 3 €, geführte Wanderung tgl. 10.30 Uhr, 14 €, erm. 12 €

Übernachten

Hier kamen sie alle durch, Stauferkaiser Friedrich II. und seine spätere österreichisch-ungarische Amtskollegin Sisi, der Augustinermönch Martin Luther, der Künstler Albrecht Dürer und viele, viele andere. Für Quartier war im Bozener Raum schon damals und ist heute noch umfassender gesorgt. Kleine Pensionen, Ferienwohnungen mit Familienanschluss und so manch umgebauter historischer Ansitz stehen in den Tälern und entlang der Weinstraße zur Verfügung. In und um Bozen dominieren gastliche Stadthotels. Relativ neu sind die zahlreichen Unterkünfte in Sporthotels, Höfen oder bei privaten Vermietern in den mittlerweile so viel besuchten Bergregionen wie Grödner Tal oder Seiser Alm. Die sind freilich in der Hochsaison oft schon frühzeitig ausgebucht.

Grödner Tal 56

€–€€ | Garni Crepaz Das freundliche Frühstückshotel im Grödner Tal bietet im Winter einen Holservice der örtlichen Skischule. Familien mit Kindern und Biker sind ausdrücklich willkommen. ■ Streda Nives 26, 39048 Wolkenstein, Tel. 0471/795016, www.garni-crepaz.com

€€ | Freina Gastfreundliches »Mountain Lifestyle« Hotel am Freina-Skihang, in unmittelbarer Nähe zu Ciampinoibahn und Sellaronda. Service, Zimmer, Restaurant, Terrasse zum Hang, Aussicht – alles bestens. ■ Freina 23, 39048 Wolkenstein, Tel. 0471/795110, www.hotelfreina.com

Seiser Alm 58

€ | Haus Santner Fünf picobello Ferienwohnungen und ein Gästehäuschen im Garten, genau das Richtige für Bergfexe aller Art. Hausherr Helmut arbeitet selbst als Berg- und Skiführer. ■ Schlernstr. 20, 39050 Völs am Schlern, mobil 33 82003388, www.haussantner.it

€€ | Ritsch Hotelzimmer mit Halbpension und Apartments, ruhig im Naturschutzgebiet gelegen. Sauna und Dampfbad im Haus sind geradezu luxuriös. ■ Saltria 16, 39040 Seiser Alm (östliche Compatsch-Region, Anfahrt nur mit Reservierungsbestätigung), Tel. 0471/727910, www.ritschschwaige.com

Bozen 62

€€ | Feichter Hotel ohne viel Luxus, doch ordentlich, praktisch und in bester zentraler Lage für einen Stadtbummel. ■ Weintraubengasse 15, 39100 Bozen, Tel. 0471/978768, www.hotelfeichter.it

€€ | Hotel am Hang Gelungene Mischung aus Tradition und Moderne am Ritten, der »Sonnenterrasse Bozens«. Wegen der Höhenlage gibt es nur Zimmer mit Halbpension. Restaurant und Panoramacafé (Di Ruhetag) begeistern auch Tagesgäste. ■ Wolfsgrubnerstr. 9, 39054 Oberbozen, Tel. 0471/ 345222, www.hotelamhang.it

€€ | Kolpinghaus Bozen Zweckmäßig eingerichtete, helle Zimmer, alle Sehenswürdigkeiten der Stadt sind gut zu Fuß zu erreichen. Das Mittagsrestaurant und der begrünte Innenhof sind ebenfalls zu empfehlen. ■ Adolph-Kolping-Str. 3, 39100 Bozen, Tel. 0471/308400, www.kolpingbozen.it

Eppan an der Weinstraße 71

€€ | Weinberg Zentrumsnah und doch inmitten der Weinberge liegt dieses gemütliche Hotel. Auch wegen der herrlichen Aussicht empfehlen sich die Zimmer mit Balkon. Kleiner Pool im palmenbestandenen Terrassengarten. ■ Luziafeldweg 3, 39057 Eppan-St. Pauls, Tel. 0471/662326, www.hotelweinberg.eu

Kaltern an der Weinstraße 72

€€ | Pension Christl Größeres Haus in prächtiger Hanglage über dem Hauptort. Die Zimmer sind eher praktisch eingerichtet, daher bevorzugt mit Balkon und Talblick wählen. ■ St. Anton 23, 39052 Kaltern an der Weinstraße, Tel. 0471/963173, www.pension-christl.it

Tramin an der Weinstraße 74

€–€€ | Garni Gartenheim Komfortable Zimmer, freundliche Wirtsfamilie, prima Lage an den beginnenden Weinbergen, kleiner Pool und Sauna-Häuschen im Garten, dazu Verkostung von Eigenbauweinen mit Weinbergführung. ■ Rathausplatz 4, 39040 Tramin an der Weinstraße, Tel. 0471/861101, www.gartenheim.com

€€ | Pernhof Große Zimmer und Ferienwohnungen, alle mit Balkon, im Zentrum des Weindorfes. Sonnige Hangterrasse nach Süden, entspannte Atmosphäre. Abends gute Pizzeria im Vorderhaus. ■ Julius-von-Payer-Str. 21, 39040 Tramin an der Weinstraße, Tel. 0471/860788, www.pernhof.com

Auer 77

€€ | Amadeus Moderne Gastlichkeit in historischem Ansitz inmitten von Auer. Verpflegung und Service sind bestens, der Garten punktet mit Pool und Obstbäumen. ■ Fleimstalstr. 1, 39040 Auer, Tel. 0471/810053, www.hotel-amadeus.it

ADAC Das besondere Hotel

Das **Charme-Hotel Uhrerhof Dëur** von Familie Zemmer ist wirklich charmant. Hier können Sie einmal im wahrsten Sinne des Wortes über den Dingen stehen – dank der ruhigen Alleinlage am Nordhang der Seiser Alm mit grandiosem Dolomiten- und Talblick. Dazu alpin-mediterrane Küche (Halbpension) und ein (echter) Rosengarten am Haus. €€ | *Pufels 26, 39046 St. Ulrich, Tel. 0471/797335, www.uhrerhof.com*

Meraner Land – Bergurlaub unter Palmen

Über Kurgästen, Bergfexen und Weinliebhabern lacht die südliche Sonne, Schlösser und Burgen zieren die lieblichen Höhen

Frische Bergluft in mildem Sonnenschein ist Merans Geheimnis. Der Kurort bezaubert seit k. u. k.-Zeiten mit mediterranen Parks und ausgedehnten Weingärten vor dem Hintergrund schneebedeckter Berggipfel. Das schätzen auch moderne Urlauber, die heute zudem in die ebenfalls mit allem Komfort ausgestatteten Ortschaften ringsum ausweichen können, um der Natur und den Bergen noch ein bisschen näher zu sein. Und beide sind großartig, wie zum Beispiel das Ultental anschaulich zeigt, und das Passeier Tal, aus dem der Südtiroler »Volksheld« Andreas Hofer stammt.

Dass sich demgegenüber Kunst und Kultur nicht verstecken müssen, beweisen die vielen erstklassigen Fresken und sonstigen sehenswerten Schätze, die Kirchen, Klöster und die zahlreichen Burgen der Region zieren. Für viele Gäste aber ist das Beste am Meraner Land sein edler Rebensaft, der zumal im unteren Tal der Etsch nicht nur die Traditionsdörfer entlang der Weinstraße prägt.

In diesem Kapitel:

ADAC Top Tipps:

7 **Schloss Trauttmansdorff**
| Gartenanlage |
Azaleen und Rosen, Palmen und Zypressen, in den Trauttmansdorffer Gärten grünt und blüht es fast das ganze Jahr, bezaubernde Anblicke zum Staunen und Genießen. 90

8 **St. Prokulus**
| Fresken |
Ein Hingucker ist der Schaukler in der Kirche, das Museum nebenan erklärt kunsthistorisch die außergewöhnlichen Fresken aus dem 8. Jh. 100

ADAC Empfehlungen:

16 Pfarrkirche Maria Himmelfahrt, Lana
| Altar |
14 m hoher, spätgotischer Schnitzaltar von Meisterhand. 85

17 Marlinger Waalweg
| Wanderweg |
Auf den Spuren des Wassers: entlang alter Kanäle ins Grüne. 93

18 Schloss Tirol
| Museum |
Nach seiner Besitzerfamilie wurde das ganze Land benannt. 95

19 Plauser Totentanz
| Moderne Fresken |
»Danse macabre« mit Gevatter Tod, der alle gleichbehandelt. 101

20 Burg Wolfsthurn, Andrian
| Hotel |
Romantisches Burgenflair mit modernem Komfort und Ausblick. 102

29 Terlan
Terlano

Allianz aus Spargel und Wein am Eingang zur Region Überetsch-Unterland

Information

■ Tourismusverein Terlan, Dr.-Weiser-Platz 2, 39018 Terlan, Tel. 0471/257165, www.terlan.info

Umgeben von Gärten liegt im breiten Etschtal das schmucke Weindorf Terlan mit seinen Fraktionen Vilpian und Siebeneich. Die drei Orte bilden das Spargeldreieck, dessen schmackhafte Erzeugnisse Anfang April bis Ende Mai besonders gut mit dem Terlaner Weißwein harmonieren.
Das Wahrzeichen der 4500-Seelen-Gemeinde ist die frei zugängliche Ruine von Burg Neuhaus, besser bekannt als Burg Maultasch. Weit blickt man von ihren Mauern über ein ideales Wander- und Radgebiet: vom buntschindeligen Kirchturmdach Terlans über das Apfelgärten- und Felderpatchwork der Ebene bis zum 1866 m hohen Gantkofel auf der gegenüberliegenden Talseite.

Verkehrsmittel

Seilbahn Vilpian–Mölten Die Kabinenbahn führt auf das Salten-Hochplateau nach Schlaneid bei Mölten auf dem Tschögglberg. ■ Tel. 0471/668053, Mo–Fr 7–19, Sa, So ab 8 Uhr, Talstation Scholerweg 1, Vilpian, Bergstation beim Gasthof Etschblick, www.etschblick.com

Parken

Parkplatz für die Margaretenpromenade zur Burgruine an der Möltenstraße, knapp 1 km nach ihrem Abzweig im Tal.

Restaurants

€€ | Weingarten Köstliches aus der Region mit Spargel im Frühling, Wild und Pilzen im Herbst. ■ Hauptstr. 42, Tel. 0471/257174, www.hotel-weingarten.com, tgl. 12–14, 18.30–21.30 Uhr

Im Blickpunkt

Margarete Maultasch – Die letzte Gräfin von Tirol

Margarete Gräfin von Tirol-Görz (1318–69) regierte ihr Stammland in schwierigen Zeiten. Eine sehr frühe, arrangierte Heirat mit dem böhmischen Königssohn Johann Heinrich von Luxemburg verlief verheerend. Eine zweite mit dem Kaisersohn Ludwig I. von Bayern-Brandenburg erkannte der Papst lange nicht an. Auf päpstliche und böhmische Propaganda dürfte auch der Beiname »Maultasch« zurückgehen, abschätzig für eine hässliche, liederliche oder gewalttätige Frau. Als verwitwete Regentin musste die Gräfin von Tirol 1363 noch den Tod ihres verbliebenen Sohnes Meinhard III. erleben. Um die Erbfolge und die Ordnung in ihrem geliebten Heimatland zu sichern, vererbte Margarete mit Zustimmung der Tiroler Stände die Grafschaft Tirol an ihre Habsburger Verwandten in Wien. Deren Herrschaft über das Land an Etsch, Eisack und Inn dauerte dann mit nur kurzen Unterbrechungen bis nach dem Ersten Weltkrieg.

Auf Burg Neuhaus soll sich Margarete »Maultasch« am liebsten aufgehalten haben

€€€ | **Patauner** Südtiroler Küche vom Feinsten auf dem traditionsreichen Vogelmeierhof. ■ Bozner Str. 6, Terlan-Siebeneich, Tel. 0471/918502, www.restaurant-patauner.net, Mo–Sa 12–14, 18–21.15 Uhr, im Feb. 2, Juli 3 Wochen geschl.

Einkaufen

Kellerei Terlan Terlaner Sauvignon und Weißburgunder, Gewürztraminer, Lagrein, Torilan und viele andere feine Tropfen der Winzergenossenschaft lassen sich hier zur Aufstockung der bestehenden Vorräte im heimischen Weinkeller kaufen. ■ Silberleitenweg 7, Tel. 0471/257135, www.kellerei-terlan.com, Mo–Fr 9–18, Sa 9–12.30 Uhr

Sektkellerei Arunda Höchstgelegene Sektkellerei Europas in 1200 m Höhe. ■ Prof.-Josef-Schwarz-Str. 18, Mölten, Tel. 0471/668033, www.arundavivaldi.it, Mo–Fr 8–12, 14–18, Sa 8–12 Uhr, Führung nach Anmeldung April–Okt. Mi 10, Do 11 Uhr

Kinder

Waldspielplatz Andrian Klettern, Schaukeln, Rutschen, Balancieren, Sandeln, Verstecken, Erkunden ... einfach Spaß haben im Eiben- und Tannenwäldchen. Picknicktische machen das Ausflugsziel perfekt. ■ Zugang über Johann-Gamper-Weg, Andrian (3 km südwestl. von Terlan), jederzeit frei zugänglich

In der Umgebung

Salten (Il Salto)

| Wandergebiet |

Weite Fernblicke erwarten Wanderer auf der Hochebene zwischen den Dörfern Jenesien (über Bozen) und Mölten (über Vilpian). Ein aussichtsreicher Weg führt von Jenesien-Flaas oder, etwas leichter, ab Mölten auf das Jenesier Jöchl zu den »Stoanernen Mandln«, Steinsetzungen von Bergfreunden am Gipfelkreuz in 2003 m Höhe.

Am Hang von Schloss Katzenzungen gedeiht eine der ältesten Weinreben der Welt

30 Tisens-Prissian
Tesimo e Prissiano

Die größte Rebe, die einzige Sterneköchin, die meisten Burgen

Information

■ Tourismusverein Tisens-Prissian, Bäcknhaus 54, 39010 Prissian, Tel. 0473/920822, www.tisensprissian.com

Burgendörfer werden Tisens, Prissian und ihre Fraktionen auch genannt. Die Gründe dafür heißen Wehrburg, Fahlburg und Zwingenburg, hinzu kommen schlossähnliche Ansitze wie Liedl oder Greifenegg sowie Schloss Katzenzungen, auf dessen Grund die Versoaln-Rebe gedeiht, eine sehr alte und besonders große Traubenart. Kein Wunder, denn die Lage in gut 600 m Höhe auf dem geschützten sonnenreichen Tisner Hochplateau ist ausgesprochen günstig. Das lässt auch andere Früchte gut gedeihen: Äpfel sowieso, vor allem aber die Tisner Edelkastanien, die »Kescht'n«. Die Spezialität schmeckt geröstet ebenso gut wie als Püree oder kandiert beim Törggelen zum jungen Wein.

Restaurants

€€€ | Zum Löwen »Essen wie bei Muttern«, frisch und köstlich interpretiert. Auf der Karte stehen z. B. mit Quittenmostarda gefüllte Ravioli, Rote-Bete-Tatar in Schwarzbrotmantel, pochierter Saibling oder Lammrücken in Kräuterkruste. Ihre feine Heimatküche brachte Küchenchefin Anna Matscher in Südtirols Sterne- und Hauben-Küchenhimmel. ■ Hauptstr. 72, Tisens, Tel. 0473/920927, www.zumloewen.it, Mi–So 12–13.30, 18–21.30 Uhr

Events

Keschtn-Riggl Im Herbst finden Festtage für die Kastanie statt, mit Kulturprogramm, Burgennacht, Volksmusik, Markt, Kastanienkochkurs, geführten Wanderungen zum Thema, kulinarischen Kreationen und mehr. ■ Tisens, Prissian, Völlan und Lana, www.keschtnriggl.it, 2 Wochen im Okt./Nov.

31 Lana
Lana

Kirchen und Burgen prägen das Obstdorf mit dem berühmten Schnatterpeck-Altar

Information

■ Tourismusverein Lana und Umgebung, Andreas-Hofer-Str. 9, 39011 Lana, Tel. 0473/561770, www.lana.info

»Apfeldorf« wird der lang gestreckte, aus Ober-, Mitter- und Niederlana bestehende Ort auch genannt, immerhin liegt die Marktgemeinde im größten Obstanbaugebiet Südtirols. Die Atmosphäre hier ist freundlich, die Einkaufsmöglichkeiten sind gut – und immer mehr Menschen ziehen ins Grüne nach Lana am Übergang der Etschtalebene in den Meraner Talkessel.

Zahlreiche Kirchen und Kapellen – sehenswert etwa St. Agatha oder St. Magnus – akzentuieren den weiten Talgrund und die nahen Berghänge des Vigiljochs. Der 1486 m hohe Gipfel des Hausbergs von Lana ist bekannt für seine lichten Lärchenwälder. Auch sonst bietet der attraktive Landschaftsmix viele Freizeitmöglichkeiten, etwa für Ausflüge zu Burgruinen wie der von Brandis, Waalspaziergänge oder Erkundungen der steinigen Gaulschlucht.

Sehenswert

Pfarrkirche Maria Himmelfahrt
| Altar |

16 *Apostel, Heilige, Maria und die Dreieinigkeit von Meisterhand*

Glanzstück des spätgotischen Gotteshauses ist der 14 m hohe Schnatterpeck-Altar. Die teils lebensgroßen Figurengruppen laufen auf zwei Ebenen einmal auf den goldgefassten Gnadenstuhl, darüber auf die Krönung Mariens zu. Die Passionsgemälde auf den Außenseiten der Flügel vervollständigen den Altar kongenial, man sieht sie freilich nur in zugeklapptem Zustand (Aschermittwoch–Ostern).

■ Schnatterpeckstr./Pfarrplatz, Niederlana, mobil 3334342596 (Ida Gruber), nur mit Führung April–Okt. Mo–Sa 11, Mo–Fr 15, Juli, Aug, nur 11 Uhr, 3 €

Gefällt Ihnen das?

Dann vergleichen Sie den **Hans-Schnatterpeck-Altar** von Lana mit dem **Jörg-Lederer-Altar** in Latsch im Vinschgau (S. 108). Ähnlichkeiten und Unterschiede sind verblüffend.

Südtiroler Obstbaumuseum
| Museum |

Alles über Obst- und Apfelanbau erfährt man hier im Ansitz Larchgut. Das mittelalterliche Anwesen mit Obstanger und Barocksaal zeigt die älteste Weinpresse Südtirols von 1570, informiert aber auch über Etschregulierung und integrierten Pflanzenschutz.

■ Brandis-Waalweg 4 (neben der Pfarrkirche Lana), Tel. 0473/564387, www.obstbaumuseum.it, April–Anf. Nov. So–Fr 10–17.30 Uhr, Führung (Anmeldung) Mo 16, Mi 11.30, Do 10 Uhr, Spende willkommen

Verkehrsmittel

Seilbahn Vigiljoch Seilbahn und Sessellift erschließen ganzjährig ein wald- und almenreiches Wander- und Skigebiet. Ziele sind beispielsweise das Vigiljocher Kirchlein oder die Bärenbad Alm. ■ Villener Weg 3, Tel. 0473/561333, www.vigilio.com, Juni–Sept. tgl. 8–19 Uhr, sonst kürzer, Seilbahn Einzelfahrt 11 €, erm. 5,50 €,Berg- und Talfahrt 15 €, erm. 7 €

Restaurants

€€ | Pfefferlechner Gemütliches, junges Brauereigasthaus mit herzhafter gehobener Küche, im Herbst Törggelen im Buschenschank. ■ St. Martinsweg 4 (ggü. Hl.-Kreuz-Kirche), Mitterlana, Tel. 0473/562521, www.pfefferlechner.it, Do–Mo 16–23.30, Sa, So ab 12 Uhr, Brauereiführung u. Verkostung (Anmeldung) Do 16 Uhr

32 Ultental
Val d'Ultimo

Ruhiges Hochtal, wie gemacht für Wanderer und Alpinisten

Information

■ Tourismusvereinigung Ultental/Provels, St. Walburg 104, 39016 Ulten, Tel. 0473/79 5387, www.ultental-deutschnonsberg.it

Von der Mündung bei Lana ins Etschtal bis hinauf zum Nationalpark Stilfser

Urtümliche Hofgruppen, Weiden und Wälder kennzeichnen das beschauliche Ultental

Joch zieht sich das ruhige Ultental. Unterwegs liegen von Wald und Weiden gerahmt die größeren Dörfer St Pankraz, St. Walburg, Kuppelwies am See, St. Nikolaus und St. Gertraud, unweit des Talausgangs zweigt das Nonstal nach Süden ab.

Lange Zeit lebten die Menschen im Ultental zurückgezogen von Viehzucht und Landwirtschaft, heute lockt die unverbaute Landschaft viele Urlaubsgäste. Sie genießen die ausgedehnten Lärchenwälder, Wanderungen um die fünf Stauseen im oberen Tal oder in höheren Lagen eine Almeinkehr. Gelegenheit zu Wintersport bietet das kleine Skigebiet um die Schwemmalm, im ganzen Tal sind 25 km Loipen gespurt.

ADAC Mobil

Das **Ultental** von Lana her besser nicht mit Gespannen befahren, die Straße ist schmal und in manchen Abschnitten steil.

Sehenswert

Ultner Talmuseum

| Museum |

Einblicke in die Volkskunst und Ausstellung zu bäuerlicher Kultur im ehemaligen Schulhaus.

■ St. Nikolaus 107, Tel. 0473/428900, Juni–Okt. Mi, Fr, So, 15–18 Uhr, Spende erbeten

Nationalparkhaus Lahnersäge

| Museum |

Im historischen Sägehaus geht es um Mensch und Wald.

■ St. Gertraud 62, Tel. 0473/798123, www.nationalpark-stelvio.it, Mitte Mai–Okt. Di–Sa 9.30–12.30, 14.30–17.30Uhr, 3 €, erm. 2 €

Urlärchen

| Naturdenkmal |

Fast 900 Jahre sind die drei »Ultner Urlärchen« alt. Der höchste Baum misst 36,5 m, der dickste hat einen Stammumfang von 8,34 m.

■ beim Gehöft Außerlaner (nahe Lahner Säge, s. o.), St. Gertraud

Verkehrsmittel

Kabinenbahn Schwemmalm Aufstiegshilfe zum Wander- und Skigebiet um die Mutegg (2658 m). ■ Talstation Kuppelwies 409, Tel. 0473/795390, www.schwemmalm.com, Einzelfahrt 13 €, erm. 7,50 €, Berg- und Talfahrt 21 €, erm. 14 €

33 Meran (Merano)

Kurstadttraum mit sonniger Gartenlust unter Schneegipfeln

Zu einer Erfrischung auf der Winterpromenade lädt das Café an der Wandelhalle ein

Information

- Kurverwaltung Meran, Freiheitsstr. 45, 39012 Meran, Tel. 0473/272000, www.meran.eu
- Ferienregion Hafling-Vöran-Meran 2000, St. Kathreinstr. 2b, Hafling, Tel. 0473/279457, www.merano-suedtirol.com, www.hafling.com
- Parken: siehe S. 91

Flanieren auf der Passerpromenade, Lustwandeln in Palmengärten, Shoppen in den Lauben – der Kurort Meran ist der Inbegriff des schönen Lebens. Und das, seit sich 1870 die österreichische Kaiserin Elisabeth (Sisi) hier erstmals im milden sonnigen Klima erholte. Unter all den Gründerzeit- und Jugendstilpalästen verweisen reich ausgestattete Kirchen, Landesfürstliche Burg und Laubengasse auch auf die Geschichte Merans als Markt und frühere Landeshauptstadt von Tirol.

Die Altstadt liegt malerisch in einem Talkessel am Flüsschen Passer, die Vororte der zweitgrößten Stadt Südtirols (rund 41000 Einw.) ziehen sich ringsum zwischen viel Grün weit hin. Spazier- und Wanderwege erschließen die Hänge um Meran, die Parks und Gärten verströmen südländisches Flair.

Plan S. 91

Sehenswert

1 Tappeinerweg

| Panoramaweg |

Vorbei an Palmen, Zypressen, Weinbergen auf halber Höhe am Südhang des Küchelbergs: Der österreichische Arzt, Botaniker und Meran-Fan Franz Tappeiner ließ den 4 km langen Spazierweg zwischen Altstadt und dem Stadtteil Gratsch 1892 anlegen.

2 Palais Mamming Museum

| Museum |

Das frühere Städtische Museum zeigt im restaurierten Barockpalais archäologische Funde, Skulpturen und Gemälde – meist aus Tirol, aber auch Einzelstücke aus aller Welt, darunter Napoleons Totenmaske und eine ägyptische Mumie.

■ Pfarrplatz 6, Tel. 0473/27 00 38, www.palaismamming.it, Ostern–5. Jan. Di–Sa 10.30–17, So 10.30–13 Uhr, 6 €, erm. 5 €

3 St. Nikolaus

| Kirche |

Ein barocker, achteckiger Aufbau krönt den 80 m hohen Kirchturm der an sich gotischen Pfarrkirche, deren älteste Teile aus dem 14. Jh. stammen. Das Innere birgt mittelalterliche Fresken, eine reich verzierte gotische Sandsteinkanzel und schöne Buntglasfenster.

■ Pfarrplatz, www.stadtpfarre-meran.it

4 Laubengasse

| Stadtbild |

Die älteste Einkaufsstraße der Stadt zieht sich über 400 m schnurgerade vom Pfarrplatz nach Westen zum Kronplatz. Hübsche, oft zweistöckige Arkadenhäuser säumen die schmale Fußgängerzone, deren südliche Front zur Passer hin Wasserlauben-, gegenüber Berglaubenseite genannt wird.

5 Landesfürstliche Burg

| Museum |

Originale Möbel, Küchengeräte, Gemälde, Musikinstrumente und Waffen vermitteln ein anschauliches Bild vom adligen Leben im Spätmittelalter.

■ Galileistr., mobil 329 018 63 90, Ostern–5. Jan. Di–Sa 10.30–17, So 10.30–13 Uhr, 5 €, erm. 4 €

Der Turm der Pfarrkirche St. Nikolaus ragt stolze 80 Meter in die Höhe

6 Frauenmuseum

| Museum |

Alltagsgegenstände, Kleidung und teils kuriose Accessoires illustrieren die Geschichte von Frauen, meist in Europa, über die Jahrhunderte.

■ Meinhardstr. 2, Tel. 0473/231216, www.museia.it, Mo–Fr 10–17, Sa 10–12.30 Uhr, 5 €, erm. 4,50 €

7 Passerpromenade

| Stadtbild |

Stadttheater, Neues Kurhaus und gemäldegeschmückte Wandelhalle – am Beginn der Passerpromenade reihen sich stattliche Jugendstilbauten aneinander. Nach Osten hin schließen sich Winterpromenade und Gilfpromenade an, die jenseits des Passeier Tors auf der südlichen, linken Wasserseite als Sommerpromenade wieder zurück in die Altstadt führt.

8 Spitalkirche zum Heiligen Geist

| Kirche |

Spätgotisches Kirchlein aus rotem und gelbem Sandstein. Über der dreischiffigen Halle mit zehneckigem Chorumgang spannt sich ein filigranes pfeilergestütztes Sternrippengewölbe. Den neugotischen Pfingstaltar an der Nordwand rahmen vier von Jörg Lederer geschnitzte Flügelreliefs.

■ Romstr. 1

9 Schloss Trauttmansdorff

| Gartenanlage |

7 *Gartenschätze und ein Schloss für den Tourismus*

Die Botanischen Gärten am südöstlichen Stadtrand gehören zu den schönsten in ganz Italien. Seit der Eröffnung 2001 besuchen jedes Jahr 5 Mio. Gartenfreunde die grün-bunte Pracht. Besondere Attraktionen in der 12 ha großen Terrassenanlage um elf künstlerisch gestaltete Themenpavillons sind der Weinberg mit 110 unterschiedlichen Rebsorten, mehrere Arboreten und der Rosengarten. Über allem thront Schloss Trauttmansdorff, in dem das Touriseum die Geschichte des Fremdenverkehrs in Südtirol erzählt.

■ St. Valentin-Str. 51 A, Tel. 0473/235730, www.trauttmansdorff.it, April–Mitte Okt. tgl. 9–19, Juni–Aug. Fr bis 23, Mitte Okt.–Mitte Nov. tgl. 9–17/18 Uhr, 16 €, erm. ab 13 €

Verkehrsmittel

SAD-Busse Zahlreiche Buslinien erschließen Meran und das Umland.

■ www.suedtirolmobil.info

Sessellift Küchelberg Im Sessel über Weinberge und Dachfirste in 5 Min. auf den Meraner Hausberg. Von der Bergstation wandert man in ca. 20 Min. zum Dorf Tirol. ■ Talstation bei der Landesfürstlichen Burg, Tel. 0473/923105, www.panoramalift.it, Juli–Mitte Sept. tgl. 9–19, April–Juni, Mitte Sept.–Okt. 9–18 Uhr, Einzelfahrt 5,50 €, Berg- und Talfahrt 7 €, Kombiticket mit der Hochmuth-Bahn im Dorf Tirol (S. 95) 15 €, Plan S. 91 c2

Parken

Karl-Wolf Parkplatz 24-Std.-Parkhaus und Parkplätze unter Bäumen. ■ Verdistr. 14, www.parkplatz-meran.com, 2,20 €/Std., Tagestarif 15 €, Plan S. 91 c1

Garage Therme Meran 24-Std.-Tiefgaragenstellplätze. ■ Thermenallee (Zufahrt im Tunnel), www.termemerano.it, 2,80 €/Std., 20–7 Uhr 1,80 €/Std., Plan S. 91 c3

Restaurants

€€ | Forsterbräu Meran Großes Restaurant. Regionale Gerichte in Stube, Saal, auf der Terrasse oder im Biergarten. ■ Freiheitsstr. 90 (nahe Kurhaus), Tel. 0473/236535, www.forsterbrau.it, tgl. 11.30–23 Uhr, Plan S. 91 c3

€€ | Laubenkeller Spezialitäten und Hausmannskost in Gewölberestaurant mit Innenhof. ■ Lauben 118, Tel. 0473/237706, www.laubenkeller.it, Fr–Mi 11.30–14, 18–21.30 Uhr, Plan S. 91 c2

Cafés

Caffè Wandelhalle K. u. k.-Kaffeehauskultur und italienisches Gelato in und an der Jugendstil-Wandelhalle mit Blick auf die Biegung der Passer. ■ Winterpromenade 25, mobil 3381236241, Fr–Mi 9–19 Uhr, Plan S. 91 d3

Spaß und Entspannung für die ganze Familie bietet die Therme Meran

Caffe' Darling Kaffee und Kuchen auf der Terrasse an der Passer. ■ Winterpromenade 11, cafedarling.business.site, Do–Di 7–19 Uhr, Plan S. 91 d3

Einkaufen

Metzgerei Siebenförcher Speck, Gamssalami, Hirsch-Kaminwurzen u. a. ■ Laurinstr. 59, Tel. 0473/ 443095, www.max-siebenfoercher.it, Plan S. 91 a1

Sennerei Algund Käse, Milch und Milchprodukte von Kuh und Ziege. ■ Mitterplars 29, Algund, www.sennerei algund.it, Mo–Fr 7.30–12.30, 15.30–18.30, Sa 7.30–12.30 Uhr, Plan S. 91 westl. a1

Vinothek Schloss Rametz Grappas und Weine (Riesling!) vom eigenen Weinberg. Im Schloss Verkostung und kleines Weinbaumuseum. ■ Laberstr. 4, Meran-Obermais, www.rametz.com, Mitte März–Mitte Nov. Mo–Sa 9–18.30, sonst ab 10 und Sa bis 14 Uhr, Plan S. 91 östl. d3

Events

Haflinger Galopprennen Traditionelle Rennen von Haflingerstuten, zuvor wird ein Festumzug durch die Stadt veranstaltet. ■ Pferderennplatz Meran-Untermais, www.haflinger-pferdesportverein.com, Ostermontag, Plan S. 91 südl. a4

Erlebnisse

Spezialbier-Brauerei Forst Führung durch Italiens größte Brauerei. ■ Vinschgauer Str. 8, Algund, Frakt. Forst Tel. 0473/ 260111, www.forst.it, April–Okt. Mi 14 Uhr (Anmeldung), 10 €, Plan S. 91 westl. a1

Sport

Meran 2000 Naherholungs- und Skigebiet auf der Hochebene von Hafling in rund 1250 m Höhe: Wanderwege, 40 km Skipisten (Teil der Ortler-Skiarena) und die Bergachterbahn Alpine Coaster. ■ www.meran2000.com, Bergbahn ab Naif, Einzelfahrt 15,50 €, Berg- und Talfahrt 22 €, erm. 15,50 bzw. 18,50 €; Umlaufbahn ab Falzeben, Einzelfahrt 13 €, Berg- und Talfahrt 18,50 €, erm. 13 bzw. 16,50 €; Pkw-Parkplatz Naif kostenlos, Falzeben 4 €/Tag, Plan S. 91 östl. c3

Entspannung

Therme Meran Der 52 000 m² große Thermenpark bietet 25 In- und Outdoorpools, acht Saunen und Dampfbäder, Medical Spa, Radonwasserbecken, Vinschger Marmorsand-Peeling u. v. m. ■ Thermenplatz 9, www.termemerano.it, Kernöffnungszeiten Bäder tgl. 9–20 bzw. 22, Saunen 13–22 Uhr, Tageskarte Pools und Sauna 37 €, Sa, So 39 €, um Weihnachten teils erhebliche Aufpreise, Plan S. 91 c3

In der Umgebung

Hafling (Avelengo)

| Bergdorf |

Auf dem Hochplateau des Tschögglberges östlich vor Meran liegt das kleine Hafling-Oberdorf. Als Arbeits- und Lasttiere wurden hier zähe, trittsichere genügsame Gebirgspferde gezüchtet, Vorfahren der blond-braunen Haflinger. Heute erschließt die Seilbahn die umliegenden Höhen, im Winter das Skigebiet Meran 2000, im Sommer die naturschönen Wanderwege, etwa zum Sulfner Weiher.

Marlinger Waalweg

| Wanderweg |

17 *Leise glucksend begleitet das Wasser den Wanderer am Hang*

Der aussichtsreiche Weg verläuft über 12 km nahezu waagrecht am Steinhang oberhalb von Marling, immer entlang des längsten erhaltenen Waals in Südtirol. Den künstlichen Wasserlauf ließ das Schnalstaler Kartäuserkloster Allerengelberg 1737–56 zur Bewässerung seines Weinguts anlegen.
■ www.waalwege.org

Algund (Lagundo)

| Weindorf |

Unweit westlich von Meran liegt das sonnenreiche Algund am Fuß der Texelgruppe. Die Gemeinde um den Hauptort Mühlbach lebt von Obst- und Weinbau sowie vom Tourismus. Besucher finden hier rund 160 km Wanderwege bis in die Hochlagen, darunter den 6 km langen Algunder Waalweg von Algund nach Gratsch.

34 Schenna
Scena

Bedeutender Urlaubsort und Wanderparadies zwischen Berg und Tal

Information

■ Tourismusverein Schenna, Erzherzog-Johann-Platz 1 D, 39017 Schenna, Tel. 0473/945669, www.schenna.com

An 300 Tagen im Jahr scheint die Sonne über Schenna und seinen Ortsteilen Verdins, St. Georgen, Tall und Schennaberg. Die hiesigen Wandermöglichkeiten zwischen Meraner Ebene und Sarntaler Alpen reichen vom Verdinser Waalweg bis zu Touren auf die Hausberge Ifinger und Hirzer. Bei all den Seilbahnen und Liften, Almen und Berggasthöfen, Wanderwegen und MTB-Trails ist für jeden etwas dabei. Daher verzeichnet die Gemeinde mit gerade mal 3000 Einwohnern jedes Jahr mehr als 1 Mio. Übernachtungen.

Sehenswert

Mausoleum

| Kirche |

Sandsteinrot ragt die neugotische Grablege auf dem Kirchhügel auf. Graf Franz von Meran hatte sie 1860–69 für seine Eltern errichten lassen, den österreichischen Erzherzog Johann und die bürgerliche Anna Plochl.

■ Tel. 0473/945669, www.schloss-schenna.com, nur mit Führung Mitte April–Ende Okt. Di, Do 9.30 Uhr, 5 €, sowie im Rahmen der kunsthistorischenDorfführung Di (Anmeldung Tourismusbüro Schenna)

Schloss Schenna

| Museum |

Einen Teil des Schlosses, das hoch über dem Ort aufragt, nutzen die Grafen von Meran privat als Familiensitz. In anderen Räumen dokumentieren Ausstattung und Kunstwerke die Geschichte und Kultur Tirols.

■ Schlossweg 14, Tel. 0473/945630, www.schloss-schenna.com, Karwoche–Allerheiligen, nur mit Führung Di–Fr 11.30, 15, Mo, Do 21 Uhr, 11 €, erm. 5 €

Verkehrsmittel

Taser Almbahn Schenna–Schennaberg bzw. Taser Alm mit Gasthof, Bergzoo und Hochseilgarten. ■ Talstation Pichlerstr. 31, Tel. 0473/945615, www.taseralm.com, April–Anf. Nov. tgl. 8.30–12, 13–18, 25. Dez.–6. Jan. 9–12, 13–17 Uhr, Einzelfahrt 8,80 €, Berg- und Talfahrt 11,80 €, erm. 7,50 €

Seilbahn Verdins-Tall Luftseilbahn ins ausgedehnte Wandergebiet Tall-Hirzer und zum Tallner Hochplateau, ideal für Wanderer, Mountainbiker und Paraglider. ■ Verdins 39, Tel. 0473/949450, www.verdins.it, Anf. April–Anf. Nov., 26. Dez.–6. Jan. 8.30–12.15, sommers auch 13.15–17/18 Uhr, Einzelfahrt 9,50 €, erm. 5,50 €, Berg- und Talfahrt 13,50 €, erm. 7 €

Restaurants

€ | Hofschank Zmailer Hof Suppen, Knödel, Strudel, Krapfen, Gulasch, Hauswurst, Rippelen. Tolle Aussicht inbegriffen. ■ Bergerweg 17, Tel. 0473/945881, Mitte März–Nov. Mo–Mi 11–18 Uhr, abends nur auf Bestellung

€€ | Petermann Restaurant-Pizzeria für jeden Geschmack, ob Apfelstrudel, Speckknödel, Rindscarpaccio oder Pizza. ■ Verdinserstr. 15 A, Tel. 0473/945900, www.pizzeria-petermann.com, Do–Di 12–14, 18–21, Pizza 17–23 Uhr

35 Dorf Tirol
Tirolo

Stammsitz der Grafen von Tirol, nach dem Dorf und Land benannt sind

Information

■ Tourismusverein Dorf Tirol, Hauptstr. 31, 39019 Dorf Tirol, Tel. 0473/923314, www.dorf-tirol.it

Bewacht von den oftmals schneebedeckten Gipfeln der Texelgruppe sorgen im Dorf in sonniger Hügellage Zypressen und Zitronen für italienisches Flair. Beliebte Ausflugsziele sind etwa der Ezra-Pound-Weg, der zur Brunnenburg führt, oder der für seinen Vernatsch bekannte Zenoberg mit Zenoburg am Eingang zum Passeier Tal. Vor allem aber lässt sich niemand einen Besuch im hochgelegenen Schloss Tirol entgehen, das als Stammsitz der Grafen Görz-Tirol dem ganzen Land seinen Namen gab.

Schloss Tirol beherbergt ein interessantes Museum zur Tiroler Geschichte

Sehenswert

Schloss Tirol

| Museum |

18 *Die alte Grafenburg ist Namenspatin und Nabel des Landes*

Geschichtsträchtige Schloss-Burg aus dem späten 11. Jh. mit romanischen Marmorportalen, frühgotischen Fresken und Tiroler Glasmalereien. Das Südtiroler Landesmuseum für Kultur- und Landesgeschichte stellt in unterschiedlichen Bereichen der Burg z. B. Baugeschichte und Archäologie in der Krypta, im Kaisersaal Tirol im Mittelalter, im Kapellenturm Rechts- und Wirtschaftsgeschichte oder im Bergfried die Landesgeschichte seit dem Ersten Weltkrieg vor.

■ Schlossweg 24, Tel. 0473/220221, www.schlosstirol.it, Mitte März–Mitte Nov. Di–So 10–17 Uhr, 8 €, erm. 5,50 €

Pflegezentrum für Vogelfauna

| Falknerei |

Verletzte Wildvögel werden hier gepflegt, Nestlinge aufgepäppelt und alle möglichst wieder ausgewildert. Besucher können Adler, Bussarde, Eulen, Falken, Geier, Milane u. v. m. auf Sitzstangen am Boden und bei Vorführungen im Flug bewundern.

■ bei Schloss Tirol, Schlossweg 25, Tel. 0473/221500, www.gufyland.com, April–Anf. Nov. Di–So 10.30–17, Flugvorführungen 11.15 und 15.15 Uhr, 14 €, erm. 11 €

Verkehrsmittel

Seilbahn Hochmuth Von der Bergstation Wandermöglichkeiten zu den Spronser Seen, zur Texelgruppe oder gemütlicher Abstieg mit Blick über Meran und das Etschtal. ■ Haslachstr. 64, Tel. 0473/923480, www.seilbahnhochmuth.it, Mitte März–Mitte Nov. tgl. 7.30–18, Juli–Sept. bis 19 Uhr, Mitte Nov.–Mitte März eingeschränkt, Auskunft Tel. 04 73/92 34 80, Einzelfahrt 10 €, Berg- und Talfahrt 15 €, erm. 13 €

Restaurant

€ | Törggelekeller Zur Dorfmühle Hier werden Südtiroler Grill-, Wild-, Nudel- und Törggele-Spezialitäten serviert. ■ Haslachstr. 16, mobil 335 543 06 02, Anf. April–Ende Nov. Mo–Fr 17–24 Uhr

36 Passeiertal
Val Passiria

Weinland, Obstgärten und Bergwelt in Andreas Hofers Heimattal

Information

■ Tourismusverein Passeiertal, Passeirerstr. 40, 39015 St. Leonhard, Tel. 04 73/ 65 61 88, www.passeiertal.it

Vom Meraner Becken bis zu den Dreitausendern der Ötztaler Alpen verläuft das Passeiertal. Die Ortschaften spiegeln diese Vielfalt wider. Riffian und Saltaus locken mit Weindorf-Charme und Sonnenterrassen, das mittelalterliche St. Martin im Äußeren Passeier mit Zunfthäusern und bemalten Fassaden. Hier endet der Obstbau, es wird gebirgiger. Schildhöfe liegen an steilen Hängen, auf den Almen weiden Ziegen. Dies ist die Heimat des Tiroler »Nationalhelden« Andreas Hofer.
Bei St. Leonhard zweigt der Weg über den Jaufenpass (2094 m) nach Sterzing ab. Moos im Hinterpasseier zieht Wanderer und Kletterer an, auch dank Zugang zum ruhigen Pfelderer Tal und Naturpark Texelgruppe. Im zunehmend engen Haupttal steigt die Straße an zum Timmelsjoch (2474 m), dem Übergang ins österreichische Ötztal.

Sehenswert

Museum Passeier
| Museum |
Im Sandhof, dem Geburtsort von Andreas Hofer, steht der Tiroler »Volksheld« im Mittelpunkt. Die Ausstellung »Helden & Wir« spannt den Bogen bis in die Gegenwart. Das Freigelände samt Herz-Jesu-Kapelle erläutert »Tol & Leit«. ■ Passeirerstr. 72 (SS44 zw. St. Martin und St. Leonhard), Tel. 04 73/65 90 86, www.museum.passeier.it, April–Okt. Di–So, Aug.–Sept. tgl. 10–18 Uhr, 10 €, erm. 9 €

Im Blickpunkt

Andreas Hofer – Vom Sandwirt zum Soldatenführer

Andreas Hofer, 1767 als Gastwirtssohn im Passeiertal geboren, gilt als Freiheitskämpfer. Unter seiner Führung stellten sich seine Landsleute im Tiroler Volksaufstand 1809 Napoleons französisch-bayerischen Truppen entgegen. Eine wichtige Rolle spielte dabei freilich auch die Wahrung kirchlicher, standesrechtlicher und regionaler Privilegien. Drei Mal waren die Tiroler am Bergisel siegreich, dann scheiterte ihr Widerstand. Oberkommandant Andreas Hofer musste mit seiner Familie fliehen, wurde aber verraten und 1810 in Mantua hingerichtet.

Modern präsentiert das Museum Passeier seine Dauerausstellung zum Thema Helden

Bunker Mooseum
| Museum |
Die zeitgeschichtliche Ausstellung ist in einem Bunker-Rohbau aus dem Zweiten Weltkrieg untergebracht, als Mussolini sein faschistisches Italien mit einem Alpenwall am Timmelsjoch schützen wollte. Im Museum außerdem angesiedelt ist eine Infostelle des Naturparks Texelgruppe.

■ Dorf 29 a, Moos in Passeier, Tel. 0473/648529, www.museum.hinterpasseier.it, April–Okt. Di–So 10–17 Uhr, 10 €, erm. 9 € (auch mit ADAC-Mitgliedskarte)

Verkehrsmittel

Hirzer Seilbahn Saltaus–Mittelstation Prenn (Wandergebiet Tall-Hirzer) – Bergstation Klammeben (1980 m).

■ Passeirerstr. 2, Saltaus, Tel. 0473/645498, www.hirzer.info, Mitte Juni–Sept. tgl. 8.30–18.30, Okt.–Anf. Nov. bis 17.30 Uhr, Einzelfahrt 13 €, Berg- und Talfahrt 19 €, erm. 9,50 € bzw. 17 €, Gleitschirme und Fahrräder kosten extra

SAD-Bus 240 Meran–Passeier Die Linie verläuft durch das gesamte Tal mit Halt u. a. in St. Leonhard, St. Martin und

ADAC Mittendrin

Anlässlich der abgeschlossenen Wein-Nachlese feiern die Riffianer Anfang September mit so vielen Gästen wie möglich ihr **Herbstfest**. Der Wein fließt in Strömen, und jeder Besucher will ein Stück von dem traditionellen meterlangen Apfelstrudel kosten. Und dann gibt es noch die Gebirgsschützen, Schneebergerknappen und Schuhplattler, die Musikkapellen, das Festzelt, den bunten Umzug, die Kinderecke und vieles mehr.

ADAC Mobil

Die mautpflichtige **Timmelsjochstraße** ist nur Mitte Juni–Mitte Okt. 7–20 Uhr geöffnet, auch dann sind auf italienischer Seite keine Gespanne, Busse und Lkw zugelassen.
www.timmelsjoch.com

Riffian, im Sommer tagsüber im 30-Minuten-Takt. ■ www.suedtirolmobil.info

Restaurant

€€ | Gasthof Lamm Mitterwirt Genuss mit Heuknödel oder Sonntagsbraten. ■ Dorfstr. 36, St. Martin in Passeier, Tel. 0473/641240, www.gasthaus-lamm.it. Di–Sa 12–14, 18.30–21 Uhr, So nur mittags

Einkaufen

Privatbrennerei Wezl Edelbrände und Grappas. ■ Jaufenstr. 37, Riffian, Tel. 0473/241075, www.wezl.it, Mo–Sa 8–17 Uhr

Sport

Passeirer Radweg 20 km langer Rad-, Fuß- und Reitweg entlang der Passer zwischen Meran und St. Leonhard in Passeier. ■ www.bikemeran.it

37 Partschins
Parcines

Erholungszentrum vor den Toren von Meran im Süden der Texelgruppe

Information

■ Tourismusverein Partschins, Rabland und Töll, Spaureggstr. 10, 39020 Partschins, Tel. 0473/967157, www.partschins.com

6 km westlich von Meran zeigt sich Partschins im Zentrum als hübsches Weindorf mit historischen Häusern und Ansitzen entlang enger Gassen. Es ist umgeben von modernen Randbezirken und einem vielfältigen Erholungsgebiet. So gilt die Gemeinde mit den Ortsteilen Rabland und Töll als Pforte zum Naturpark Texelgruppe, der sich im Norden erstreckt.
Die Texelbahn bringt Spaziergänger und Wanderer zu aussichtsreichen Waal- und Panoramawegen wie etwa dem Meraner Höhenweg oder als Abzweig auf dem Weg Nr. 8 ins wild-romantische Zieltal. Bekannt ist auch der Partschiner Wasserfall, mit 97 m Fallhöhe einer der höchsten in den Alpen. Trailrunner, Mountainbiker und Gleitschirmflieger kommen ebenfalls auf ihre Kosten.

Sehenswert

Schreibmaschinenmuseum Peter Mitterhofer
| Museum |
Die Werkstatt des Tüftlers Mitterhofer (1822–93) aus dem Jahr 1864 und sein erstes Schreibmaschinenmodell im

ADAC Wussten Sie schon?

... dass der Partschinser Zimmermann und Tüftler Peter Mitterhofer (1822–93) die **Schreibmaschine** erfand? 1866 stellte er sein drittes Modell Kaiser Franz Joseph in Wien vor. Da die »Schrift immer gleich schön« und »für Jedermann leserlich« sei, eigne sich sein Apparat besonders für Diplomaten, Notare, Schriftsteller sowie »zum Gebrauche ambulanter Feldkanzleien«.

Traumhafte Ausblicke begleiten Wanderer auf dem Meraner Höhenweg

Nachbau sind ebenso vertreten wie die Chiffriermaschine »Enigma« und Musiknotenschreibmaschinen. Weitere Kuriositäten und Kostbarkeiten bietet das Schaudepot.

■ Kirchplatz 10, Tel. 0473/967581, www.typewritermuseum.com, April–Okt. Di–Sa 10–12 und Mo–Fr 14–18, Nov.–März Di 10–12 Uhr, 7 €, erm. 6,30 €

Verkehrsmittel

Texelbahn Pendelbahn auf den Giggelberg. Oben stehen schöne Wanderungen zur Auswahl, etwa durch das Zieltal zur Lodnerhütte, über den Meraner Höhenweg zur Leiteralm oder auch in einer Viertelstunde bergab zum Partschinser Wasserfall. Eigener Pfad für Trailrunner. ■ Zielstr. 11, Partschins-Rabland, Tel. 0473/968295, www.texelbahn.com, Mitte März–Mai und Nov. tgl. 8–18, Juni–Sept. 8–19, Do und So ab 7 Uhr, Einzelfahrt 11,50 €, Berg- und Talfahrt 16,50 €, erm. 10,50 € bzw. 15 €

Wandern

Meraner Höhenweg Passeiertal, Meraner Talkessel, Schnalstal, Kalmtal – der bekannte und beliebte Höhenweg Nr. 24 verläuft fast 100 km rund um die Texelgruppe. Der Lohn all dieser Mühe sind grandiose Bergerlebnisse. Rastplätze finden sich unterwegs reichlich in Berggasthöfen und Almhütten. Der Weg kann auch bequem in Etappen gegangen werden, die Einstiege von diversen Startpunkten sind mit Seilbahnen oder Linienbussen gut erreichbar. ■ www.meraner-hoehenweg.com

38 Naturns
Naturno

Berühmte Kapellenfresken zeigen einen Heiligen auf der Flucht

Information

■ Tourismusverein Naturns, Rathausstr. 1, 39025 Naturns, Tel. 0473/666077, www.naturns.it

Geografisch gesehen gehört der geschäftige Luftkurort mit seinen knapp 6000 Einwohnern zum Vinschgau, verwaltungstechnisch aber zum Burggrafenamt und damit zu Meran. Das ist den Urlaubsgästen allerdings meist einerlei. Sie genießen Sonne, mildes Klima und die zahlreichen Freizeitmöglichkeiten, die Erlebnisbad, Wanderwege, MTB-Single Trails und überhaupt die Berge hier bieten. Das sind die Texelgruppe samt Naturpark im Norden und der Vinschgauer Sonnenberg im Süden. Ebenfalls großartig sind Naturns Kirchenschätze, zu denen übrigens auch ein wenig bekanntes meterhohes Gemälde von Karl Plattner in der Friedhofskapelle gehört.

Die Fresken aus dem 8. Jh. in St. Prokulus zählen zu den bedeutendsten Wandmalereien in Mitteleuropa

Sehenswert

St. Prokulus

| Fresken |

8 *Künstler des 8. Jh. malten den Heiligen auf der Schaukel*

Rund 1400 Jahre alt ist das von außen eher unscheinbare Kirchlein St. Prokulus. An seiner rechten Innenwand sind neben gotischen Wandmalereien einzigartige Fresken aus vorkarolingischer Zeit mit byzantinischen und keltischen Elementen erhalten, die ältesten im deutschen Sprachraum. Bekannt ist insbesondere das Bild des hl. Prokulus, das für uns aussieht, als würde er schaukeln. Tatsächlich ist seine Flucht vor heidnischen Verfolgern über die Stadtmauer von Verona dargestellt. An der südlichen Außenwand ist unter dem stark vorkragenden Dach die biblische Schöpfungsgeschichte zu sehen.

■ St. Prokulusstr., Tel. 0473/667312, www.prokulus.org, April–Okt. Di, Do, So 10–12.30, 14.30–17.30 Uhr, kostenlose Kirchenführung 10.30, 15 Uhr, Kirche und Museum 6 €, erm. 2,50 €

Prokulus-Museum

| Museum |

In dem modernen, unterirdisch angelegten Museum erläutern vier multimediale Stationen die Welt der Spätantike, des Früh- und Spätmittelalters sowie der frühen Neuzeit. Ebenfalls zu sehen sind archäologische Funde aus der Region sowie die gotischen Fresken, die beim Freilegen der vorkarolingischen Wandmalereien in der Kirche abgelöst worden waren.

■ St. Prokulusstr. 1A (gegenüber St.-Prokulus-Kirche), Tel. 0473/673139, www.prokulus.org, April–Okt. Di, Do, So 10–12.30, 14.30–17.30 Uhr, Kirche und Museum 6 €, erm. 2,50 €

Friedhofskapelle

| Fresko |

Die Friedhofskapelle ziert ein meterhohes Gemälde von Karl Plattner (1919–86). Der für seinen eigenwilligen Stil bekannte Südtiroler Maler und Grafiker hatte es im Jahr 1951 ursprünglich für die Gemeinde Naturns als Kriegerdenkmal geschaffen. Die Auftraggeber waren nicht zufrieden, das Bild zeigte wohl für den Zeitgeschmack zu viele trauernde Mütter und zu wenig Ehre. So wurde das Werk längere Zeit verwahrt und sogar mutwillig beschädigt, bevor es nun hier einen würdevollen Platz fand.

■ St. Prokulusstr. (unterhalb neben dem Prokulus-Museum), tgl. 6–22 Uhr

Parken

Große Parkplätze befinden sich an der Hauptstraße, für St. Prokulus am besten vor dem Friedhof, beim Rondell am östlichen Ortseingang parken.

Restaurant

€€€ | **Wiedenplatzerkeller** Feine Südtiroler Küche wird auf der Sonnenterrasse mit Aussicht oder im rustikalen Gewölbekeller serviert. Reservierung wird empfohlen. ■ St. Prokulusstr. 59 (jenseits der SS38), Tel. 0473/673280, www.restaurant-naturns.com, Mo 11–14, Mi–So 12–14, 17.30–21 Uhr

ADAC Mobil

Sehr praktisch für Urlauber, die auf Südtirols Straßen unterwegs sind, ist der kostenlose und stets aktuelle **Verkehrsbericht** der Bozener Landesverkehrsmeldezentrale: online unter www.provinz.bz.it/verkehr, oder als abonnierten RSS-Feed.

Wandern

Erlebniswelt Naturnser Sonnenberg Wandergebiet im Naturpark Texelgruppe, z. B. Archäologischer Wanderweg A7. Spektakuläre, 16 m weit vorkragende Aussichtsplattform nahe der Bergstation. ■ Seilbahn Unterstell, Sonnenberg 46, Talstation Naturns-Kompatsch, Tel. 0473/668418, www.unterstell.it, Ende März–Anf. Nov. tgl. 8–19, sonst 8–17 Uhr, Abendfahrten ganzjährig Mi 19, 20, 21 Uhr, Einzelfahrt ab 11,50 €, Berg- und Talfahrt 16,50 €, auch als Kombiticket Unterstell/Texel (S. 99)

In der Umgebung

Plauser Totentanz

| Moderne Fresken |

19 *Wo der Tod Motorrad fährt und alle Welt zum Tanz einlädt*

Für den Totentanz-Zyklus an der Friedhofsmauer von St. Ulrich schuf 2001 der Marlinger Maler Luis Stefan Stecher 18 Bilder (heute noch 14), auf denen unter gereimten Dialekt-Sinnsprüchen Gevatter Tod zu sehen ist. Auf einem fährt er samt Sense auf dem Motorrad mit, er tritt auf als Trommler, Tänzer, Tischgenosse. Er ist überall dabei – und doch kann man lesen: »Heargott isch dess Lebm schian – lai schianr nou weards aufrstian«.

■ Dorf 1, Plaus, 3 km östl. von Naturns

Übernachten

Der Luftkurort Meran kennt sich aus mit Gästen, Hotels und Pensionen gibt es hier in jeder Lage und für jeden Anspruch. Die südliche Sonne scheint aber auch über all die Vorstädte und groß gewordenen Dörfer ringsum, die von Tisens über Lana und Dorf Tirol bis Naturns der zweitgrößten Stadt Südtirols in Sachen Willkommenskultur durchaus Konkurrenz machen. Zu einem wahren Touristenzentrum ist das sonnenverwöhnte Schenna herangewachsen, wo Erholungs- und Aktivurlauber Unterkünfte jeglicher Art von Ferienwohnungen bis zum Luxushotel finden. Irgendein Zimmer findet man in der Region immer, wer allerdings etwas Besonderes sucht, sollte frühzeitig reservieren.

Terlan 82

€ | Hafner Rosengarten Wohnliche Apartments und hübsche Zimmer mit sonnigem Garten und in ruhiger Lage. Kostenloser Fahrradverleih, Möglichkeit zu Lymphdrainage, Fußreflexzonen- oder Klangschalenmassage im Haus. ■ Perglweg 20, 39018 Terlan, Tel. 0471/366780, www.hafner-rosengarten.com

20 **€–€€ | Burg Wolfsthurn** Baron und Baronin Kripp betreiben biologische Landwirtschaft und vermieten zwei kleine schöne stimmungsvolle Ferienwohnungen in ihrer restaurierten Wohnburg auf der aussichtsreichen Anhöhe über dem Dorf Andrian. ■ Bindergasse 19, 39010 Andrian, Tel. 0471/510071, www.burgwolfsthurn.it

Ultental 86

€€ | Gasthof Eggwirt Traditionelle Gastlichkeit, in Ausstattung und Komfort modern interpretiert. TV auf Wunsch. ■ Hauptstr. (an der scharfen Kurve), 39016 St. Walburg, Ulten, Tel. 0473/795319, www.eggwirt.it

Meran 88

€€ | Chalet Hafling Denkmalgeschütztes Chalet für sechs Personen, Natursauna, großer, sehr schöner Garten mit Kartenspielhäuschen, Obst und Beeren zum Selbstpflücken. ■ Falzebenerstr. 51+51, 39010 Hafling, Tel. 0473/230793, www.chalet-hafling.it

€€ | Paradies Kleines, bodenständiges Hotel für Genießer, sehr gute Küche und Wein aus kleinen Winzereien der Region. ■ Max-Valier-Str. 6, 39020 Marling, Tel. 0473/445202, www.hotel-paradies.com

€€ | Residence Aqualis Helle, familienfreundliche Apartments mit großen Balkonen, dazu Pool, Sauna, große Sonnenterrasse. Haustiere erlaubt. ■ St.-Felix-Weg 30, 39020 Marling, Tel. 0473/447170, www.residence-aqualis.com

€€ | Sonnenhof Moderne, stilvolle Hotelzimmer mit Halbpension werden in der historischen Villa am Hang angeboten, der gepflegte Parkgarten des Hauses ist ausreichend groß für Pool und Seerosenteich. ■ Leichtergasse 3, 39012 Meran, Tel. 0473/233418, www.sonnenhof-meran.com

€€ | Zima Angenehmes, familiär geführtes Hotel garni im Villenviertel am Ostrand von Meran zwischen der Therme Meran und den Trauttmansdorffer Gärten. ■ Winkelweg 83, 39012 Meran, Tel. 0473/230408, www.hotelzima.com

€€–€€€ | Avelina Familiäres, komfortables, barrierefreies Hotel mit sehr guter Küche, Saunabereich, Whirlpool und Panoramablick. ■ Hinterdorferweg 14, 39010 Hafling, Tel. 0473/279484, www.hotel-avelina.com

€€–€€€ | Bavaria Hinter der stattlichen Gründerzeitfassade am unteren Talhang der Passer heißt ein modernes Hotel seine Gäste willkommen. Unterschiedlich große Zimmer, südlicher Garten. ■ Kirchsteig 15, 39012 Meran, Tel. 0473/236375, www.bavaria.it

Schenna 93

€€ | Christophs Hotel Großzügige Zimmer in familiengeführtem Haus in zentraler Lage. Kleines Spa im Souterrain. ■ Schennaerstr. 2, 39017 Schenna, Tel. 0473/945877, www.christophshotel-schenna.com

€€ | Gurterhof Gepflegtes, mit 14 Zimmern kleines Hotel mit modernen, geräumigen Bädern und bester Küche. Etwas außerhalb des Ortes, dafür schöner Blick ins Tal und ein Pool mitten im Obstgarten. ■ St. Georgenstr. 38, 39017 Schenna, Tel. 0472/945733, www.gurterhof.com

Dorf Tirol 94

€–€€ | Leimerhof Angenehme Pension mitten im Ort bietet Zimmer und Apartments. Kleines Hallenbad, gute Küche. ■ Hauptstr. 20, 39019 Dorf Tirol, Tel. 0472/923531, www.leimerhof.it

Passeiertal 96

€€ | Gasthof Hotel Kreuz Familiengeführtes Haus am Sonnenhang. Eigentlich sind es ja zwei Häuser: eines mit historischer Gaststube (Zimmer mit Halbpension), nebenan mit Frei- und Hallenbad. ■ Jaufenstr. 25, 39010 Riffian, Tel. 0473/241125, www.hotel-kreuz.com, Anf. April–Anf. Nov.

€€ | Martinerhof's Brauhotel Angenehme Zimmer, zentral im Ort, beliebt sowohl bei Ruhesuchenden als auch bei aktiven Urlaubern. Das »Bier-Erlebnis-Hotel« bietet außerdem Hausbrauerei, Bar und Wirtschaft. ■ Jaufenstr. 15, 39010 St. Martin in Passeier, Tel. 0473/641226, www.martinerhof.it

Partschins 98

€€–€€€ | Klein Fein Hotel Anderlahn Geräumige Zimmer und Suiten, die Turmsuite auf zwei Etagen. Lauschiger Garten, Innen- und Außenpool, ¾-Pension. ■ Kleinkarlbacherstr. 5, 39020 Partschins, Tel. 0473/967297, www.anderlahn.com

Naturns 100

€€ | Schönblick Der Name ist Programm: Oberhalb des Städtchens am Sonnenhang gelegen, bietet das ruhige Hotel talseitig einen grandiosen Ausblick. ■ Schlossweg 11, 39025 Naturns, Tel. 0472/667289, www.schoenblickhotel.it

€€–€€€ | Nocturnes Gepflegtes Hotel in ausflugsgünstiger Lage. Die Südbalkone der Zimmer erlauben eine unübertreffliche Aussicht über Städtchen und Natur. Gutes Restaurant im Haus. ■ Schlossweg 5, 39025 Naturns, Tel. 0473/667055, www.nocturnes.it

Vinschgau – Südtirols herb-schöner Westen

Sonniges Urlaubsidyll für aktive Naturliebhaber und für Kulturreisende zwischen Ortler und Obstgärten, Reschensee und Romanik

Das Vinschgau ist von der Sonne verwöhnt und bekannt für Obstbau, Kirchenschätze, Waalwege, Wander- und Skigebiete. Das sind insbesondere der Alpenhauptkamm mit Ötztaler Alpen und Silvrettagruppe sowie die Ortler-Cevedale-Gruppe um den Ortler, den höchsten Berg Südtirols.

Oberhalb des Reschensees entspringt die Etsch und fließt, vorbei an regionaltypischen sanfthügeligen Murenkegeln, ostwärts Richtung Meran. Ihr folgte jahrhundertelang die uralte Handelsstraße, die die Römer Via Claudia Augusta nannten, mit Zubringern über den Reschenpass und das Stilfser Joch. Der große Nationalpark Stilfser Joch ist ein wahres Paradies für Aktivurlauber jeder Art, inklusive Sommerski auf den Gletschern. Ruhiger geht es in den schmalen Seitentälern wie dem Langtauferer oder dem Martelltal zu. Beeindruckende Burgen und ehrwürdige Klöster beherrschen die Hänge, groß gewordene Bauerndörfer drängen sich im Tal. Hier bezaubert das Vinschgau seine Urlaubsgäste vor allem im Frühjahr und Herbst zwischen Obstblüte und Törggelen.

In diesem Kapitel:

ADAC Top Tipps:

9 Spitalkirche zum Heiligen Geist
| Altar |
Kleine Kirche mit großartigem Altar: Der mittelalterliche Meisterschnitzer Jörg Lederer stellte eine berührende Vater-Sohn-Szene in den Mittelpunkt. 108

10 Churburg
| Museum |
Grafensitz als Inbegriff der Burgen- und Ritterromantik, ein bezaubernder Renaissancegang ergänzt Ahnensaal, Verlies und Waffensammlung. 114

10

ADAC Empfehlungen:

22

25

21 **Transhumanz**
| Brauchtum |
Großes Hallo beim Schaftrieb über die Alpen ins benachbarte Österreich und wieder zurück. 107

22 **Gletscherskigebiet am Ortler**
| Skigebiet |
Jede Art von Wintersport am Gletscher, auch im Sommer. 112

23 **Glurns**
| Stadtbild |
Zeitkapsel-Städtchen: Mittelalter innerhalb intakter Wehrmauern. 115

24 **Kloster Marienberg**
| Kloster |
Unübertrefflicher Weitblick und romanische Fresken. 117

25 **Kirchturm im Reschensee**
| Stausee |
Bittersüße Erinnerung an ein verlorenes Dorf. 117

39 Schnalstal
Val Senales

Schafe, Skifahren und zwei berühmte Männer aus den Bergen

Information

■ Tourismusverein Schnalstal, Karthaus 42, 39020 Schnals, Tel. 0473/679148, www.schnalstal.it

Hoch hinauf führt das Schnalstal, von der Etsch nach Norden in die Ötztaler Alpen. Dabei rahmen seine steilen, teils bewaldeten Felshänge die Orte Katharinenberg, Karthaus, Unser Frau, Vernagt am See und ganz oben Kurzras. Schafweiden, Berge wie Texelspitzen und Similaun, ein Stausee und ein Gletscher bilden die vielfältige Kulisse der beliebten Wander- und Skiregion, dazu jahrhundertealte Bauerngehöfte, ehrwürdige Kirchen und ein immaterielles Welterbe.

Sehenswert

Schloss Juval
| Museum |

Die schroffen Felswände am engen Talausgang krönt in rund 1000 m Höhe Schloss Juval. Die bestens restaurierte mittelalterliche Anlage ist Reinhold Messners Sommerwohnsitz und beherbergt auch sein Messner Mountain Museum (MMM) Juval. Die Ausstellung »Mythos Berg« illustriert hier die religiöse Dimension der Berge.

■ Juval 3, Kastelbell, Tel. 0471/631264, www.messner-mountain-museum.it, 4. So im März–1. So im Nov., Do–Di 10–17 Uhr, 14 €, erm. Kinder/Senioren 6/12 €, Juval-Shuttle ab Parkplatz an der SS38, einfach 4 €, hin und zurück 6 €

Kunst in der Kartause
| Galerie |

Das Dorf Karthaus entstand im und um das 1782 aufgelöste Karthäuserkloster Allerengelberg. Die Klostermauer ist erhalten. Ebenso der Kreuzgang, der sich im Sommer zur Galerie zeitgenössischer Südtiroler Künstlerinnen und Künstler wandelt.

■ Karthaus 100, Schnals, www.kulturverein-schnals.it, Mitte Juli–Ende Aug, Mo–Sa 14–18.30, So 10–12, 14–18.30 Uhr, Eintritt frei

ArcheoParc
| Freilichtmuseum |

Wie Ötzi vor rund 5300 Jahren lebte, zeigt ein archäologisches Aktiv-Museumsdorf unweit des Vernagt-Stausees. Es lädt dazu ein, jungsteinzeitliche Technik selbst zu erproben: Brot backen, Bogenschießen, Feuer schlagen.

■ Unser Frau 163, Schnals, Tel. 0473/676020, www.archeoparc.it, Ostern–Allerheiligen tgl. 10–17, Außenbereich 11–16.30 Uhr, Parcours 1 6 €, erm. 5 €, Parcours 1, 2, 3 14 €, erm. 12 €, Ötzi Glacier Tour (Tagestour zur Ötzi-Fundstelle mit Bergführer) 140 €

Gefällt Ihnen das?

Dann kommen Sie **Ötzi** im Bozener **Archäologiemuseum** (S. 67) noch näher. Dort ist nämlich seine Original-Ausrüstung zu sehen und in einer Spezialkältekammer sogar sein mumifizierter Körper.

Verkehrsmittel

Schnalstaler Gletscherbahnen Kurzras (2011 m) – Skigebiet Schnalstal um den Hochjochferner (gut 3200 m), Teil der Ortler Skiarena. Ötzi Show Gallery in der Bergstation Grawand (per Ses-

Lämmer kommen beim Almabtrieb im Schnalstal bequem wieder hinunter ins Tal

sellift Roter Kofel). ■ Kurzras 111, Schnals, Tel. 0473/662171, www.schnalstal.com, winters z. B. Tagespass 41–51 €, erm. 36–44 €, sommers z. B. Umlaufbahn Lazaun Einzelfahrt 9 €, Berg- und Talfahrt 14 €

Restaurants

€€ | Gasthof Neuratheis Südtiroler und italienische Spezialitäten in gemütlicher, eher kleiner Gaststube. ■ Katharinaberg 40, Schnals, Tel. 0473/679135, www.neuratheis.com

Events

21 **Transhumanz** heißt jede Form von Wanderweidewesen, doch nur die Südtiroler gehört seit 2019 zum Unesco-Weltkulturerbe. Im oberen Schnalstal treiben Hirten Mitte Juni von Kurzras aus um die 2200 Schafe und 300 Ziegen in zwei Tagen über das Niederjoch auf die Hochweiden des Venter Tals im hinteren Ötztal. Ein zweiter Zug trifft von Passeier her über das Timmelsjoch ein. Mitte September kehren die Herden zurück. Der Weg ist gefährlich, die sichere Rückkehr in Kurzras und die anschließende »Schofschoad«, also das Scheiden der Schafe nach ihren Besitzern, werden beim traditionellen Hirtenfest ausgiebig gefeiert. Weitere Südtiroler Viehtriebe finden im Obervinschgauer Langtauferer Tal (Schafe) und im Suldental (Reinhold Messners Yaks) statt.

Wandern

Schnalser Waalweg 11 km langer, leichter Weg von Katharinaberg über Schloss Juval bis Tschars.

40 Latsch
Laces

Meisterhafter Schnitzaltar und Erdbeertal im Nationalpark

Information

- Tourismusverein Latsch-Martell, Hauptstr. 38a, 39021 Latsch, Tel. 0473/623109, www.latsch-martell.it

Apfelplantagen und Weingärten umgeben das Straßendorf. Entlang der gewundenen Hauptstraße, früher ein Abschnitt der Via Claudia Augusta, vermitteln historische Wohnhäuser, kleine Läden und mehrere Kirchen ein beschauliches Bild.

Trotz Langlauf- und Biathlon-Zentrum ebenfalls ruhig ist es im Martelltal. Direkt an der schmalen Talstraße beginnen Wanderwege, in 900–1800 m wachsen aromatische Erdbeeren, und der von Ortlerbergen gerahmte Zufritt-Stausee am Talende gehört bereits zum Nationalpark Stilfser Joch.

Sehenswert

Spitalkirche zum Hl. Geist

| Altar |

9 *Die menschliche Seite: Ein Gottkönig trauert um seinen Sohn*

Mehrere Meter hoch ist der Jörg-Lederer-Altar in der kleinen gotischen Spitalkirche zum Hl. Geist. Im Zentrum des Flügelaltars (1517) hält vor goldenem Hintergrund ein anrührend lebensnah als König dargestellter Gottvater voller Leid seinen toten Menschensohn in den Armen. Die Altar-

Der Jörg-Lederer-Altar aus dem 16. Jh. in Latsch ist ein einzigartiger Kirchenschatz

flügel zeigen Heilige sowie Szenen aus dem Leben Mariens und Jesu. Eher störend wirken dagegen die jüngeren Wandmalereien und die beiden barocken Seitenaltäre.

■ Hauptstr. 57 (Portal rückwärtig, Zugang über Friedhof), April–Anf. Nov. tgl. 9–17 Uhr, 2 € Spende erbeten

culturamartell

| Museum |

Eines von fünf Häusern des Nationalparks Stilfser Joch. Thema in dem holzverkleideten Quader ist »Heimat«.

■ Trattla 246, Martell, Tel. 0473/745027, www.nationalpark-stelvio.it, Sept.–Okt. Di–Sa 9.30–12.30, 14.30–18 Uhr, Juli–Aug. tgl., 3 €, erm. 2 €

Parken

Geschotterte Parkplätze im Martelltal entlang der Straße, etwa bei Gasthöfen, an Wanderwegen und beim Wallfahrtskirchlein Maria im Schmelz.

Restaurants

€€–€€€ | Burgauner Hof Gastfreundliche Einkehr im Wanderhotel an der Talstraße, Mitglied bei Slow Food und im Lebensmittelbündnis Martelltal. ■ Ennewasser 196, Martell, Tel. 0473/744530, www.burgaunerhof.com

Sport

Sport- und Freizeitanlage Trattla Große Kletterhalle, Kegelbahn, Minigolf, Tennisplatz, Kinderspielplatz, Fischteich und Café-Bar. ■ Trattla-Ennewasser 246 (neben culturamartell und Erdbeerwelt der lokalen Erzeuger), Martell, www.klettern-martell.com

Wandern

Latscher Waalweg Latsch–Schloss Kastelbell. ■ 5 km einfach, 40 Hm, www.schloss-kastelbell.com

41 Schlanders
Silandro

Marmor in den Bergen, Geschäfte in der Stadt – der Besuch lohnt gleichermaßen

Information

■ Tourismusverein Schlanders-Laas, Kapuzinerstr. 10, 39028 Schlanders, Tel. 0473/730155, www.schlanders-laas.it

Der charmante Hauptort des Vinschgaus präsentiert sich in seinem verwinkelten Kern als einladende Einkaufsoase. Kleine Läden und Café-Bars säumen die Pflastergassen der autofreien Fußgängerzone. Etwas oberhalb liegen die Pfarrkirche Maria Himmelfahrt mit dem höchsten (90 m) und »spitzesten Kirchturm« Südtirols sowie die schmucke Schlandersburg mit Arkadenhof und Menhirausstellung. Bewaldete Hänge ringsum begeistern Wanderer und Mountainbiker. Viel genutzt werden z.B. der Ilswaal am Sonnenberg nach St. Ägidius in Kortsch, der Zaalwaal gen Allitz oder die Marmorwege in Göflan und Laas.

Sehenswert

avimundus

| Museum |

Die Welt der Vögel vom Archaeopteryx bis hin zu den Zugvögeln stellt dieses kleinste der fünf Nationalparkhäuser des Stilfser Jochs vor.

■ Hauptstr. 67, Tel. 0473/730156, www.stelviopark.bz.it, Mai–Okt., Ende Dez.–März Di–Sa 9.30–12.30, 14.30–18 Uhr, 3 €

Restaurants

€€ | Rosenwirt Beliebtes Hotelrestaurant mit exquisiter Küche dank preisgekröntem Küchenteam. ■ Hauptstr. 73, Tel. 0473/730218, www.hotel-goldenerose.it, Mo–Sa 12–14, 18–21 Uhr

€€ | Vinschgerhof Traditionelle Südtiroler trifft leichte mediterrane Küche. ■ Alte Vinschger Str. 1, Schlanders-Vetzan, Tel. 0473/742113, www.vinschgerhof.com, Ende März–Mitte Nov. Di–So 12–14, 18.30–21 Uhr

Einkaufen

Bikeman Kauf- und Leihräder sowie sämtliches Zubehör. ■ Stachelburgstr. 18, Tel. 0473/732387, www.bikeman.it, Di–Fr 9–12, 15–18.30, Sa bis 18 Uhr

Leggeri Speck aus eigener Herstellung, Weidelamm, aber auch Sauerkraut und Schnaps. ■ Hauptstr. 109, www.metzgerei-leggeri.it, Mo–Fr 8–12, 15–18.30/19, Sa bis 18 Uhr

Weineggele Regionale Weine, internationale Biere, feine Häppchen. ■ Hauptstr. 38/c, mobil 3319818773, www.weineggele.it, Di–Fr 10–13, 17–22, Sa bis 23 Uhr

Wandern

Göflaner Marmorweg Anspruchsvoller Themenweg über 7 km und rund 670 Hm im Nationalpark Stilfser Joch, Einkehr auf der Göflaner Alm. ■ Parken beim Haslhof auf dem Nördersberg

Köstenwaal Einfacher, 2 km langer Weg über 50 Hm. hinauf zur Sonnenpromenade im Nordosten, von dort großartiger Ausblick.

In der Umgebung

Laas (Lasa)

| Marmordorf |

Fensterstürze, Grabsteine, Statuen, Denkmäler, Straßenpflaster, Gartengestaltung ... Ganz in Weiß präsentiert sich Südtirols »Marmordorf«. Der hier abgebaute Stein ist besonders hart und wetterfest. Seit Mitte des 19. Jh. bringt die Marmorbahn mit Schrägaufzug die mächtigen Blöcke des »weißen Goldes« ins Tal.

Erlebnisse

Marmorplus Genossenschaftlich organisierte Touren zum Thema Marmor. Zur 2,5-stündigen Marmor-Erlebnisführung z. B. gehören Einführungsfilm, Kunst und Handwerk in der Laaser Marmorwelt, Werkbesichtigung von Lasa Marmo und Baubeispiele im Marmordorf selbst, etwa in der Dorfkirche. ■ Treffpunkt Bahnhof Laas, mobil 3474095404, www2.marmorplus.it, Palmsonntag–1. So im Nov., Di, Do 10.30, Mi 13.30 Uhr, 11 €, Kinder bis 12 J. 5 €

Events

Marmor & Marillen Straßenfest für Vinschger Marille und lokalen Marmor. ■ Laas, www.marmorundmarillen.com, 1. Wochenende im August

ADAC Wussten Sie schon?

... dass die von Santiago Calatrava entworfene und 2016 eröffnete Haltestelle World Trade Center/PATH-Station am Ground Zero in New York vollständig mit **Laaser Marmor** verkleidet ist?

Das Nationalparkhaus aquaprad stellt die Vielfalt der heimischen Fischfauna vor

42 Trafoier Tal
Val di Trafoi

Über Hochgebirgstälern ragen die Bergriesen des Ortlers auf

Information

- Touristeninformation Prad, Kreuzweg 4c, 39026 Prad am Stilfser Joch, Tel. 0473/616034, www.prad.it
- Ferienregion Ortler im Nationalpark Stilfserjoch, Hauptstr. 72, 39029 Sulden, Tel. 0473/613015, www.ortler.it

Prad liegt relativ eben vor dem Eingang des Trafoier Tals und ist mit etwas mehr als 3500 Einwohnern dessen größte Gemeinde. Die weiter oben gelegenen Dörfer Gomagoi, Stilfs und Trafoi haben in dem engen, waldreichen Tal weit weniger Platz. Trotzdem herrscht hier das ganze Jahr über reger Verkehr. Wanderer und Bergsteiger zieht es in den Nationalpark Stilfser Joch, Motorradfahrer auf die Passstraße über Stilfser Joch und den Schweizer Umbrailpass.

Bei der Ortschaft Gomagoi zweigt außerdem das Suldental ab, an dessen Ende das Bergdorf Sulden in 1900 m Höhe ein betriebsames Zentrum des Ganzjahres-Tourismus ist. Kein Wunder, lockt doch ringsum das überwältigende Ortlermassiv, u.a. mit den Skigebieten Sulden und Madritsch der Ortler-Skiarena.

Sehenswert

aquaprad

| Museum |

In diesem Nationalparkhaus dreht sich alles um das Thema Wasser. Die in

In spektakulären Spitzkehren schlängelt sich die SS38 über das Stilfser Joch

zwölf Aquarien vorgestellten Lebensräume umfassen Gebirgsbäche ebenso wie Auwaldtümpel oder Moore.

■ Kreuzweg 4/c, Prad am Stilfs, Tel. 0473/618212, www.stelviopark.bz.it, Anf. Juli–Anf. Nov. Mi–Fr 9.30–12.30, 14.30–17.30 Uhr, 6 €, erm. 4 €

naturatrafoi

| Ausstellung |

Ganz oben, bei den letzten Häusern vor den schneebedeckten Ortlergipfeln und dem Stilfser Joch, stellt das Naturparkhaus das »Leben an der Grenze« vor. Gestein, Pflanzen, Tiere, dazu ein Spitzenblick auf den Ortler.

■ Trafoi 57, Stilfs, Tel. 0473/612031, www.nationalpark-stelvio.it, 27. Dez.–März, Juni–Okt. Di–Sa 9.30–12.30, 14.30–18 Uhr, 3 €, erm. 2 €

Nationalpark Stilfser Joch

| Natur |

Mit fast 135000 ha ist der provinzübergreifende Nationalpark eines der größten Naturschutzgebiete Europas. Alle alpinen Klimazonen sind vertreten, von Talgründen über Bergwälder und Almen bis zum Hochgebirge. Highlight ist das vielfach vergletscherte Ortlermassiv mit dem 3905 m hohen »König Ortler«. Insgesamt zehn Nationalparkhäuser erklären die vielfältige Flora und Fauna des Parks, die vier im Vinschgau handeln von Wasser, Vögeln sowie vom Leben von Bergbauern und in Grenzregionen. Eine Besonderheit ist die 1825 eröffnete Strada Statale 38 dello Stelvio in 48 Kehren über das Stilfser Joch (2757 m).

■ Amt für den Nationalpark Stilfserjoch, Rathausplatz 1, Glurns, Tel. 0473/830430, www.nationalpark-stelvio.it

Gletscherskigebiet am Ortler

| Skigebiet |

22 *Auf dem Gletscher lockt die weiße Pracht das ganze Jahr über*

Viele Wege führen auf den Ortlergletscher und seine 14 Dreitausender. Wintersportler bevorzugen Okt.–Anf. Mai die Lifte und Bahnen ab Sulden oder Trafoi. Attraktiv für Freunde jeglichen Schneesports sind aber auch die Pisten und Schneewege am Stilfser Joch, am Monte Cristallo etwa in 2750–3450 m Höhe. Hier wie dort kann man nach Herzenslust Alpinski- und Langlaufen, Snowboarden, Rodeln, Schneeschuhwandern, Eisklettern und bei passender Witterung Skitouren gehen. Nicht zu verwechseln ist das Gletscherskigebiet übrigens mit dem Skiverbund Ortler Skiarena, in dem 15 Skigebiete in Südtirol zusammengefasst sind. ■ Ortler-Schneetel. 0342/613047, www.ortlergebiet.it, www.ortlerskiarena.com

Messner Mountain Museum Ortles

| Museum |

Vorsicht, in diese künstliche »Gletscherspalte« unbedingt eine Jacke mitnehmen, drinnen kriecht die Kälte in die Knochen. Der Effekt ist beabsichtigt, in Reinhold Messners viertem Museum geht es um Eis: Schrecken, Schönheit, Polarregionen und der »dritte Pol« – der Mount Everest.
■ Forststr. 55, Sulden, Tel. 0473/613577, www.messner-mountain-museum.it, 2. So im Dez.–1. Mai und 4. So im Mai–2. So im Okt. Mi–Mo 14–18, Juli–Aug. 13–18 Uhr, 12 €, erm. 10 €, Kinder 6 €

Verkehrsmittel

Seilbahnen Sulden am Ortler Gondel- und Sessellifte ab Sulden und Trafoi, z. B. Sulden–Schaubachhütte (unterhalb Madritschhütte) und Trafoi–Sommerskigebiet Stilfser Joch. ■ Tel. 0473/613047, www.seilbahnensulden.it, Ende Okt.–Anf. Mai, Ende Juni–Anf. Okt. tgl. 8.30–12.45, 14–16/17 Uhr, sommers z. B. Madritsch-Seilbahn Berg- und Talfahrt 23 €, erm. 21 €, 4-Tage-Ticket 46 €, erm. 42 €, winters z. B. Tagesskipass Ortler Skiarena Hauptsaison 56 €, erm. 52,50 €, www.ortlerskiarena.com

Restaurants

€€ | Gallia Südtiroler Küche in Nachbarschaft zur Kirche. ■ Gomagoi 18, Stilfs, Tel. 0473/611773, www.hotel-gallia.it, Ende Mai–Mitte Okt. Do–Di 12–14, Do–Mo 18.30–21 Uhr

€€ | Yak & Yeti Lecker Lokales, täglich frisch, auch mit Yakfleisch von Messners Madritsch-Alm. ■ Forststr. 28, Sulden, mobil 3482408578, yak-yeti-restaurant.business.site, Mi–So 12–21 Uhr

Kinder

Naturwerkstatt Wuschlpuschl Basteln mit Materialien aus dem Wald. ■ Trafoi 57 (beim naturatrafoi), Stilfs, Tel. 0473/612031, www.vinschgau.net, Mitte Juni–Juli Do, Aug. Do und Fr jeweils ab 14.30 Uhr, mit Anmeldung, 5 €/Kind

Sport

Alpinschule am Ortler Vermittelt Bergführer im Vinschgau und Ortlergebiet. ■ mobil 3311709393, www.feel-the-mountains.com, Büro Mitte Juni–Mitte Sept. Mo–Sa 15–18 Uhr

Skischulen Sulden und Trafoi Skikurse von Profis für Jung und Alt, Anfänger und Könner. Erfolg ist garantiert, Spaß macht es obendrein. ■ Skischule Sulden, Rosimstr. 42 A, Sulden, Tel. 0473/613100, www.skischulesulden.com; Skischule Trafoi, Skischulbüro im naturatrafoi, mobil 3472322797, www.skischule-trafoi.com

Stelviobike Radtag Stilfser Joch, mal ganz autofrei. ■ Letzter Sa im Aug. oder 1. Sa im Sept., dann Straße ab Trafoi 8–16 Uhr gesperrt, www.stelviobike.com

43 Schluderns
Sluderno

Bodenständiger Ferienort mit extravaganter Burg

Information

■ Tourismusbüro Schluderns, Meranerstr. 1, 39020 Schluderns, Tel. 0473/615590, www.ferienregion-obervinschgau.it

Eine der besterhaltenen Burgen Südtirols ist die Churburg. Auf einem Vorhügel des Sonnenbergs überragt sie das Dorf um die gotische Katharinenkirche, die umliegenden Obstgärten und das im Nordwesten einmündende ruhige Matscher Tal. Schlossherren sind die Grafen Trapp. Einer ihrer Jäger, Josef Pichler, schrieb 1804 mit der Erstbesteigung des Ortler Berggeschichte.

Sehenswert

Churburg
| Museum |

10 *Ritterromantik und ausgemalter Bogengang in wundervoller Burg*

Der Pool im Garten ist modern, im Sommer leben die Grafen Trapp im Familiensitz. Aber sonst atmet alles an der Renaissanceburg Vergangenheit: das Burgtor, die kieselgepflasterten Höfe, Schlosskapelle, Verlies, Bibliothek, Musizierzimmer, Ahnensaal und sogar der zum Museumsshop umgebaute einstige Pferdestall. Ein Erlebnis ist der zauberhafte Arkadengang, dessen Wände und Gewölbezwickel mit floralen Elementen, Tierallegorien und fantasievollen Fabelwesen reich freskiert ist. Kriegerischer gibt sich die Rüstkammer mit maßgefertigten Prunkrüstungen und Landsknechtpanzern »von

Die Churburg in Schluderns ist ein Juwel der Renaissance-Baukunst

der Stange«, dazu Helme, Hellebarden, Armbrüste, Kettenhemden, Fehdehandschuhe, Turnierlanzen.

■ Churburg 1, Tel. 0473/615241, www.churburg.com, Mitte März–Anf. Nov. Di–So 10.15–12.30, 14.15–16.30 Uhr, 12 €, nur mit Führung alle 45 Min. (ca. 1 Std.), Parkplatz unten an der Burg, Zufahrt sehr schmal

’s Vintschger Museum

| Heimatmuseum |

Modernes Museum zu den Themen Archäologie, Leben im Vinschgau, Bewässerung, Pferdezucht u.v.m. Sehr schön auch der Lehrwaal Quainwaal hinter dem Museum und der archäologische Park Ganglegg.

■ Meranerstr. 1, Tel. 0473/615590, www.vuseum.it, April–Nov. Di–So 10–12.30, 14–18, Juli–Aug. 10–18 Uhr, 6 €, erm. 5 €

Events

Südtiroler Ritterspiele Lebensfrohes Mittelalter-Festival mit Markt, Lagerleben, Reit- und Schwertturnieren, Gauklern, Falknern u.v.m. ■ Schluderns, 3 Tage im August, www.ritterspiele.it

44 Glurns
Glorenza

23 *Steingewordenes Mittelalter mit intakter Stadtmauer*

Information

■ Tourismusbüro Glurns, Tauferer Torturm, 39020 Glurns, Tel. 0473/831097, www.glurns.eu, www.ferienregion-obervinschgau.it

Glurns ist zweigeteilt: Den Churer Fürstbischöfen gehörte zunächst das bäuerliche »Dorf« mit Gehöften und Scheunen, zu Beginn des 13. Jh. gründeten die Grafen von Tirol gleich daneben die »Stadt« mit Laubenarkaden, Handwerker- und Kaufmannshöfen. Die Pfarrkirche liegt außerhalb der gemeinsamen rechteckigen Stadtmauer. Diese ist wie das ganze Städtchen vollständig erhalten und präsentiert sich mit Wehrgang und drei Wachtürmen.

Innerhalb der Stadtmauer entdeckt man überall malerische Szenerien: Hier neigt sich ein Palabirnbaum über den Stadtbach, dort nutzt ein Designbüro eine umgebaute historische Scheune – liebenswerte Einladungen zu einer anschaulichen Zeitreise.

Parken

Es gibt kaum Parkplätze in der Stadt. Zwei kostenpflichtige Parkplätze befinden sich im Osten vor der Stadt: ein großer zum Industriegebiet hin, ein kleinerer direkt vor der Stadtmauer.

Restaurants

€€–€€€ | **Weißes Kreuz** Kleines Gasthaus, traditionsbewusst in Auswahl und Qualität der Speisen. ■ Malser Str. 2, Tel. 0473/831455

Einkaufen

Puni Italiens einzige Whisky-Destillerie, die ersten Zehnjährigen (2012) stehen schon zum Verkauf. Auch architektonisch ein Genuss, das rotziegelige Firmengebäude zitiert traditionelle Scheunen. ■ Am Mühlbach 2, Tel. 0473/835500, www.puni.com, April–Okt. Mi–Fr 10–16, Sa 10–12.30, Nov.–März Mi–Fr 10–14, Sa 10–12.30 Uhr, Destillerie-Tour mit Verkostung (1 Std., Termine s. Website), 12,50 €

ADAC Mittendrin

Schlendern Sie am 16. Oktober, dem Tag des hl. Gallus, mit vielen anderen Schaulustigen und Kaufwilligen über den **Gollimarkt** in Mals. Keine Geringere als die damalige Landesherrin Claudia de Medici begründete 1642 diesen großen Jahrmarkt, heute mit Buden auf dem Marktplatz und entlang der gesamten Fußgängerzone.

45 Mals
Malles Venosta

Kirchen, Türme und rege Betriebsamkeit machen Mals besonders attraktiv

Information

■ Tourismusverein Obervinschgau, St.-Benedikt-Str. 1, 39024 Mals, Tel. 0473/831190, www.ferienregion-obervinschgau.it

Das sonnenreiche Mals ist Regionalzentrum des Oberen Vinschgaus und liegt am unteren Hang des großen Murenkegels der Malser Haide. Hier verloren die Tiroler 1499 die Schlacht von Calven gegen die Schweizer, die danach u.a. Mals völlig zerstörten. Das Stadtbild geht daher überwiegend auf den Wiederaufbau zurück. Zu den wenigen älteren Bauten zählt St. Benedikt im Nordosten. Sein gedrungener Glockenturm trug bei zum Spitznamen »Dorf der sieben Türme«. Fünf davon sind erhalten, darunter der runde Fröhlichsturm neben dem Viereckturm der Pfarrkirche am zentralen Marktplatz.
Weit verstreut liegen im schönen Hügelland ringsum die Malser Fraktionen Burgeis, Laatsch, Matsch und Planell.

Sehenswert

St. Benedikt
| Kirche |
Die Kirche birgt karolingische Fresken sowie Reste von Stuckrahmen um drei perspektivisch angelegte Apsisbögen.
■ St. Benedikt-/Ecke Russlandstr., www.stiegenzumhimmel.it, April–Okt. Di, Do, Sa 10–11.30, Führung Mo, Mi, Fr 14 Uhr, Anf. Dez.–Anf. März Sa 10 Uhr

Parken

Mehrere kostenfreie Parkplätze am Marktplatz (Peter-Glückh-Platz). Weitere größere Parkflächen unterhalb und am Bahnhof ausgeschildert, teils frei, teils werktags mit Parkticket.

Restaurants

€€ | Greif Feine regionale saisonale Bio-Küche, auch Vollwert und opulent vegetarisch. ■ Gen.-Ignaz-Verdross.-Str. 40 A,Tel. 0473/831189, www.hotel-greif.com, Di–So 12–14, 18.45–20.45 Uhr

Wandern

Watles Erlebnisberg Sessellift zum Ski- und Wandergebiet um die Höfer-Alm (2066 m) im Schliningtal. ■ Prämajur, Mals-Burgeis, mobil 3457670255,www.

ADAC Spartipp

Das Kombiticket »Einsichten & Ansichten« beinhaltet Eintritt ins Museum Marienberg sowie eine Berg- und Talfahrt mit dem Watles-Sessellift zur Plantapatschhütte.
Anf. Juni–Ende Okt., Museumskasse und Talstation, 16 €

Der Kirchturm von Alt-Graun – Zeugnis eines buchstäblich untergangenen Dorfs

watles.net, Juni–Okt. tgl. 8.30–12.30, 13.15–16.30, Juli, Aug. 8.30–17 Uhr, Bergfahrt 12 €, Talfahrt 6 €, Berg- und Talfahrt 15 €, erm. 9 €

In der Umgebung

Kloster Marienberg

| Kloster |

24 *Ein Kloster wie ein Adlerhorst mit freskengeschmückter Gruft*

Auf der mächtigen weißen Stützwand der Abtei am steilen grünen Hang thront das Benediktinerkloster seit Mitte des 12. Jh. Die freie Sicht über das Etschtal ist unübertrefflich. Der größte kunsthistorische Schatz des Klosters sind die farbenfrohen und sehr gut erhaltenen romanischen Fresken des himmlischen Jerusalem in der Krypta im felsigen Untergrund. Erläuterungen zu ihrer Entstehung sowie zur frühbarock umgebauten Stiftskirche gibt ein modernes kleines Museum im Klosterhof links.

■ Schlinig 1, Mals-Burgeis, Tel. 0473/843980, www.marienberg.it, Mitte März–Okt., Ende Dez.–5. Jan. Mo–Sa 10–17 Uhr, 5,50 €, erm. 3 €, Führungen (mit Anmeldung): Krypta Di, Do, Sa 10,30 Uhr, 10,50 €, Kirche Di, Do 14 Uhr, 7,50 €, Parkplatz an der Straße unterhalb der Abtei

46 Reschensee
Lago di Resia

25 *Ein Kirchturm im Stausee erinnert an ein untergegangenes Dorf*

Information

■ Ferienregion Reschenpass, Hauptstr. 22, 39027 Reschen, Tel. 0473/633101, www.reschenpass.it

Der erste Südtiroler Ort südlich des 1507 m hohen Reschenpass ist Reschen (Resia), ein durch Urlauber groß gewordenes Straßendorf mit wenig Platz

Im Blickpunkt

Alt-Graun – Atlantis der Berge

Dieser Liedtitel bezieht sich auf Alt-Graun. Das Dorf fiel dem Bau des Reschen-Stausees zum Opfer, dazu 514 ha fruchtbares Land. Die Einwohner hatte niemand einbezogen, als 1950 italienische und Schweizer Industrievertreter Pläne umsetzten, Obersee und Mittersee von 5 m auf 22 m zum heutigen Reschensee aufzustauen.
Noch heute hadern viele Einheimische damit. Andere machen das Beste aus dem etwa 1 × 6 km großen See, der mit Wassersportmöglichkeiten und dem malerischen Kirchturm zumindest die touristischen Angebote vor Ort erweitert.

zwischen Reschensee und den ringsum ansteigenden Wander- und Skigebieten. Beliebt sind Ausflüge zur Etschquelle oder ins Langtauferer Tal.
Auch Graun (Curon), neu gegründeter Hauptort am See, und das südlich anschließende St. Valentin auf der Haide (San Valentino alla Muta) am Haidersee sehen so aus. Es waren Bauerndörfer, doch veränderte die Stauung des Reschensees Landschaft und Sozialgefüge erheblich. Eindrückliches Zeichen dafür ist der alte Grauner Kirchturm, der ufernah aus dem See ragt.

Parken

Reschensee am Kirchturm Viel genutzter Parkplatz direkt am See vor dem Alt-Grauner St. Katharina-Kirchturm mit Infotafeln und Seemodell. ■ SS40, rund 400 m nördl. von Graun

Restaurants

€€ | Pizzeria Katrin So muss Pizza sein: knusperdünn, riesengroß und reiche Belagauswahl. Auch die Pasta schmeckt sehr gut. ■ Landstr. 57 (nahe Talstation des Lifts zur Haider Alm), St. Valentin auf der Haide, Tel. 0473/634047, www.residence-katrin.it

€€ | Traube Post Großer historischer Gasthof direkt an der Hauptstraße. Die vorzügliche Küche bietet u. a. Spezialitätenwochen (Spargel, Fisch ...) und Köstlichkeiten vom Hochlandrind. ■ Claudia-Augusta-Str. 10, Graun, Tel. 0473/633131, www.traube-post.it

Erlebnisse

MS Hubertus Reschensee-Schifffahrt. ■ Anleger in Graun am Turm, Tel. 0473/632126, www.schifffahrt-reschensee.com, Juli–Okt. (bei ausreichend Wasser) tgl. 15, Hauptsaison zusätzl. 11.30, 14, 16 Uhr, 12 €, erm. 6 € (Ticketkauf an Bord)

Sport

Reschensee Gut 15 km Seerundweg mit Möglichkeit zum Angeln, Rudern, Paddeln, Tretbootfahren u. v. m. ■ Segeln: www.segelverein-reschensee.com; SUP, Surfen, Kitesurfen/Wingen: www.kiteboarding-reschen.eu, www.kitejunkie.com; Kajaken über Vinschgau Touristik: www.vinschgau.net

Ski-, Bike- und Wanderresort Schöneben Leichte bis mittelschwere Familienabfahrten, Trails und Wege. ■ Talstation der Sechser-Gondel am Westufer, Reschen, www.schoeneben.it, Mitte Dez.–Mitte April tgl. 8.30–16/16.30 Uhr, Tagesskipass 57 €, erm. 52,50 €, Anf. Juni–Mitte Okt. tgl. 9–16.30 Uhr, Einzelfahrt 17 €, erm. 14 €, Berg- und Talfahrt 20 €, erm. 16 €

Übernachten

In überschaubaren Ortschaften und Dörfern dominieren in Südtirols westlichster Ferienregion kleinere familiengeführte Hotels und Pensionen. Häufig bieten auch modernisierte historische Ansitze und Gasthöfe zeitgemäße Gastlichkeit. Das gilt für die abwechslungsreichen Tallagen ebenso wie für ruhigere Seitentäler und die Skiregionen. Insbesondere im Ortlergebiet sind auch größere Hotelanlagen in der Saison ausgebucht, hier also besser zeitig vorsorgen. Generell bieten viele Gastgeber für Wintersportausrüstung, Motor- und Fahrräder eigene Abstell- und Trockenräume, oft mit Zubehör und guten Tipps.

Latsch 108

€–€€ | Sonnenhof Hotel Tanja Kleines familiengeführtes Hotel mit Restaurant im Ortszentrum. Sauna im Haus, kleiner Pool im Garten. Tiefgarage und Fahrradraum mit viel Radler-Zubehör. ■ Kugelgasse 84, 39021 Latsch, Tel. 0473/623336, www.hoteltanja.com

€–€€ | Gasthof Pension Gstirnerhof Gastfreundliches Anwesen in hübscher Alleinlage inmitten von Obst- und Weingärten Im Hauptgebäude aus dem 15. Jh. lädt im Herbst der Gewölbekeller zum Törggelen am Kaminfeuer ein. ■ Spineidweg 5, 39020 Kastelbell (4 km östl. von Latsch), Tel. 0473/624032, www.gstirnerhof.eu

Schlanders 109

€ | Pension Rita Familiäre Frühstückspension in ruhiger Hanglage. Bar-Café-Eisdiele im Haus. ■ Schmiedgasse 22, 39028 Kortsch (2 km westl. von Schlanders), Tel. 0473/730478, www.pension-rita.com

€€ | Bio-Reiterhof Vill Ferienwohnungen auf dem Reiterhof oder Hotelzimmer im Landhotel Anna nebenan. Beide liegen knapp außerhalb der Fußgängerzone. ■ Mühlgasse 13, 39028 Schlanders, Tel. 0473/730314, www.vill.it

€€ | Goldene Rose Ruhiges Genusshotel im Zentrum. Große Zimmer, teils mit Terrasse. Sauna im, Parkplatz hinterm Haus. ■ Fußgängerzone 73, 39028 Schlanders, Tel. 0473/730218, www.hotel-goldenerose.it

Schluderns 114

€€ | Engel Wellnesshotel in zentraler Lage. Dachterrasse mit Panoramablick, Hallenbad, Billard, Fitness, Restaurant und Bar. Einmal pro Woche Fahrradausflug mit dem Chef des Hauses. ■ Kirchplatz 7, 39020 Schluderns, Tel. 0473/615278, www.hotelengel.com

€€–€€€ | Alte Mühle Großes, angenehmes Haus am Mühlbach. Familienzimmer vorhanden, Biker willkommen. Wellnessbereich u. a. mit Sauna und Kneippgrotte. Gut ist auch das Hotelrestaurant mit Pizzeria. ■ Matscher Winkel 24, 39020 Schluderns, Tel. 0473/615238, www.hotel-alte-muehle.com

Glurns 115

€–€€ | Post Familiäres Hotel an der Hauptstraße inmitten des historischen

Orts mit viel Atmosphäre im Altbau und bodenständiger Ausstattung im Neubau. Familienzimmer auf zwei Ebenen. ■ Florastr. 15, 39020 Glurns, Tel. 0473/831208, www.hotelpostglorenza.com

Mals 116

€–€€ | Garni Platzer Am südlichen Dorfrand von Burgeis liegt die hübsche, kleine und sehr beliebte Frühstückspension. Gratis-Abholung vom Bahnhof Mals. ■ Burgeis 182, 39024 Burgeis, Tel. 0473/830097, www.garni-platzer.com

€–€€ | Zum Hirschen Zimmer und Apartments im Hotel garni mitten im Zentrum. Hauscafé zum Marktplatz mit Blick auf die Pfarrkirche. ■ Bahnhofstr. 2, 39024 Mals, Tel. 0473/831149, www.hotel-hirschen.it

€€ | Biohotel Panorama Schönes, ökologisch geführtes Haus am östlichen Ortsrand. Angenehm, mit viel natürlichem Material gebaut, dazu Panoramafenster und 1a-Bio-Küche. ■ Staatsstr. 5, 39024 Mals, Tel. 0473/831186, www.biohotel-panorama.it

€€€ | Weisses Kreuz Historische Bausubstanz und moderne Architektur verbinden drei Häuser mitten im Ort und schaffen ein besonderes Flair. Individuell gestaltete Zimmer, großzügiger Spa-Bereich. ■ Burgeis 82, 39024 Burgeis, Tel. 0473/831307, www.weisseskreuz.it

Reschensee 117

€€ | Am Reschensee Freundliches, kleines Hotel im Ort. Schöner Blick über den Reschensee und auf den Ortler. Motorradpauschalen im Angebot. ■ Hauptstr. 14, 39027 Reschen, Tel. 0473/633117, www.hotel-reschensee.com

€€ | Ortlerspitz Das traditionsreiche, modern renovierte Hotel liegt idyllisch etwas über dem Haidersee, bietet großzügige Zimmer, eine Bar im Haus und ein Panoramahallenbad. ■ Vittorio Veneto Str. 15, 39027 St. Valentin auf der Haide, Tel. 0473/634631, www.hotel-ortlerspitz.it

€€€ | Villa Waldkönigin Jugendstilvilla als Boutiquehotel am Hang. Ein moderner Neubau nebenan beherbergt weitere Gästezimmer, Restaurant und Wellnessbereich. ■ Waldweg 17, 39027 St. Valentin auf der Haide, Tel. 0473/634559, www.waldkoenigin.com

ADAC Das besondere Hotel

»Bergrefugium« nennt sich das überraschend große Hotel **Langtaufererhof** zu Recht. Es ist sehr schön im hinteren Langtaufer Tal in 1870 m Höhe gelegen. Zimmer, Komfort, Service, Gastronomie sind bestens und unterstreichen die grandiose Lage samt Panoramablick auf Berge und Tal.

€€ | Kappl 3 (9 km östl. von Graun), 39027 Graun, Tel. 0473/633551, www.langtaufererhof.it

ADAC Service Südtirol

Beim **ADAC Info-Service**, in den **ADAC Geschäftsstellen** sowie auf dem **Internetportal des ADAC** (adac.de) erhalten Sie Informationen zu den Dienstleistungen des Automobilclubs und zu Ihrem Reiseziel. So können Sie sich von der **ADAC Trips App** (adac.de/services/apps/trips) via Smartphone oder Tablet-PC inspirieren lassen oder als **ADAC Mitglied** das kostenlose **ADAC Tourset® Südtirol** (adac.de/reise-freizeit/reiseplanung/tourset) mit vielen Reiseinfos und Karten anfordern. Bei Pannen und Notfällen steht Ihnen unser Team rund um die Uhr telefonisch und digital (adac.de/hilfe und ADAC Pannenhilfe App) zur Verfügung.

ADAC Info-Service

T 089 558 95 96 97
Infos zu allen ADAC Leistungen
(Mo–Sa 8–20 Uhr gebührenfrei)

ADAC Pannenhilfe Deutschland

T 089 20 20 40 00, Mobil 22 22 22
(Verbindungskosten je nach Netzbetreiber/Provider)

ADAC Ambulanzdienst

T +49 89 76 76 76
(Erkrankung, Unfall, Verletzung, Transportfragen, Todesfall)

ADAC Pannenhilfe Ausland

T +49 89 22 22 22
(Verbindungskosten je nach Netzbetreiber/Provider)

Online-Angebote des ADAC für Ihre Reiseplanung

Service	Webadresse
Reiseinspirationen, -planung und -hinweise	adac.de/reise-freizeit/reiseplanung
Aktuelle Verkehrslage	adac.de/verkehr
Individuelle Routenplanung	adac.de/maps
Infos zu Tankstellen und Spritpreisen	adac.de/tanken
Infos zu mautpflichtigen Strecken	adac.de/mautportal
Infos zu Fährverbindungen	adac.de/faehren
Aktuelle Infos vor Reiseantritt	adac.de/tourmail
Informationen für Camper	adac.de/camping
Informationen für Motorrad- und Oldtimerfahrer	adac.de/reise-freizeit/reisen-motorrad-oldtimer
Informationen für Segler und Skipper	skipper.adac.de
ADAC Reiseangebote	adacreisen.de
ADAC Autovermietung	adac.de/autovermietung
ADAC Versicherungen für den Urlaub	adac.de/versicherungen
Weltweite Preisvorteile für ADAC Mitglieder	adac.de/vorteile-international
Telemedizinische Beratung	adac.de/meinmedical

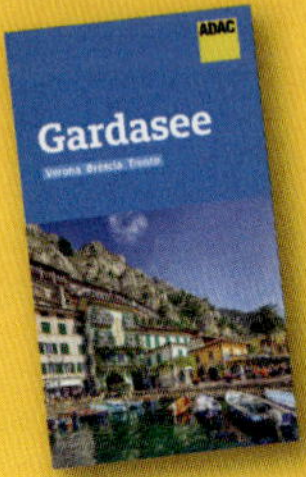

Diese **Produkte des ADAC** könnten Sie interessieren: **ADAC Reiseführer Gardasee, ADAC Reiseführer Schweiz, Yes we camp! Winter-Camping im Schnee** und **ADAC Campingführer Südeuropa** – erhältlich im Buchhandel, bei den ADAC Geschäftsstellen und in unserem ADAC Online-Shop (adac.de/shop).

Anreise und Einreise

Auto

Die **Hauptreiseroute** von Norden her nach Südtirol führt über den **Brennerpass** (1350 m) und durch das Wipp- bzw. Eisacktal, entweder auf der mautpflichtigen **Brennerautobahn E45/A22** oder parallel dazu auf der schmalen, kurvenreichen Bundes- bzw. **Staatsstraße SS22** (keine Gespanne) durch die Anliegerorte.

Westlich davon erreicht man Südtirol von Österreich aus über **Timmelsjoch** (2474 m, Ötztal–Passeiertal) oder **Reschenpass** (1507 m, oberes Inntal–Vinschgau), von der Schweiz her über den **Ofenpass** (2149 m) und südlich davon **Umbrailpass/Stilfser Joch** (2503 m/2757 m, Graubünden–Münstertal bzw. Vinschgau).

Im Osten kommt man auf der **Pustertalstraße E66/SS49** (ca. 1100 m) von und nach Österreich. Die Alternativroute über den **Staller Sattel** (2052 m, Defereggental–Antholzer Tal) ist je nach Schnee Mai/Juni–Okt./Nov. tgl. 5.30–22.15 Uhr geöffnet, aber selbst dann auf italienischer Seite nicht zugelassen für Wohnwagen und Busse. Die **Wintersperre** gilt auch für Umbrailpass/Stilfser Joch und Timmelsjoch.

Eine allgemeine, witterungsunabhängige **Winterreifen- bzw. Schneekettenpflicht** besteht auf der Brennerautobahn A22 (Abschnitt Brenner–Affi, www.autobrennero.it) sowie im Stadtgebiet Bozen vom 15. November bis zum 15. April. Für Krafträder gilt bei winterlichen Verhältnissen ein grundsätzliches Fahrverbot.

Das ganze Jahr über muss in Südtirol für den Fall der Fälle Winterausrüstung zumindest mitgeführt werden.

Aktuelle Informationen bietet die Bozener Verkehrsmeldezentrale, www.provinz.bz.it/verkehr.

Bahn und Bus

Die **Deutsche Bahn** (DB) fährt mehrmals tgl. ab München über Kufstein oder den Brenner nach Südtirol. Mit dem EC erreicht man z. B. Bozen in knapp 4 Std. Eine Fahrradmitnahme ist dabei begrenzt möglich, allerdings reservierungspflichtig. Besonders günstig wird die Fahrt mit dem **Sparpreis Europa,** nämlich ab rund 20 € für die einfache Fahrt in der 2. Klasse pro Person (www.bahn.de).

Von vielen deutschen Großstädten, v. a. ab München, bieten mehrere Anbieter täglich **Fernbusse** nach Südtirol (Fahrt München–Bozen ca. 4 Std., 22–40 € pro Person einfach, www.flixbus.de, www.suedtirolbus.it). Für den **Weitertransport** ab Busankunft in Südtirol sorgt SüdtirolTransfer (www.suedtiroltransfer.com).

Der **Meraner Land Express** verkehrt Mitte März–Anf. Nov. Mi und Sa ab München inkl. Fahrt zur Unterkunft 45 € einfach, 80 € hin und zurück. Informationen erteilen die Südtiroler Tourismusvereine und online unter www.merano-suedtirol.it.

Anfang April–Ende Oktober fährt jeden Di der **Süd Express** ab St. Gallen in der Schweiz über Winterthur, Zürich, das Vinschgau, Meran, Eppan und Kaltern, inkl. Hotel-Transfer, einfach 120 CHF, hin und zurück ab 180 (Fa. Heini Car AG, Abtwil/St. Gallen, Tel. +41 071/298 11 11, www.suedtirolexpress.ch).

Flugzeug

Den kleinen **Bozener Regionalflughafen** (BZO, www.bolzanoairport.it) nutzen Charterfluglinien inneritalienisch saisonal, Sky Alps (www.skyalps.com) bietet Linienflüge ab Berlin, Hamburg und Düsseldorf. Die nächsten größeren Flughäfen befinden sich in Innsbruck und Verona.

Einreise und Dokumente

Bei der Einreise ins Schengenland Italien werden Reisende nur stichprobenartig kontrolliert, das kann sich jedoch je nach tagespolitischem Geschehen schnell ändern. Personen ab 16 J. sollten daher stets einen gültigen **Reisepass** oder **Personalausweis** mit sich führen. Auch jedes Kind braucht ein eigenes Ausweisdokument.

Auto und Straßenverkehr

Führerschein und Papiere

Einen gültigen **Führerschein** und den **Fahrzeugschein** (Zulassungsbescheinigung Teil I) müssen Autofahrer stets vorweisen können. Zudem empfiehlt sich die Mitnahme der Grünen Versicherungskarte (www.gruene-karte.de).
Die halbhohen orangefarbenen Kästen am Straßenrand sind sogenannte **Speed Check Boxes,** also Geschwindigkeitsmesser. Die Blitzer darin können, müssen aber nicht aktiv sein.

Straßennetz und Sicherheit

Südtirol ist gut erschlossen, zumal entlang der Nord-Süd-Achse, in den Haupttälern sowie in den verkehrsdichten Großräumen Bozen und Meran. Abseits werden die Straßen schnell schmal, in wenig besuchten Regionen und Höhenlagen auch geschottert.
In den **Bergen** wird vor Engstellen oft gehupt, als Warnung an eventuell entgegenkommenden Verkehr. An den teils erheblichen Steigungen kann es zu Verzögerungen oder kleinen Staus aufgrund schwächer motorisierter Verkehrsteilnehmer kommen. Da hilft nur Geduld, keinesfalls sollte man »schnell mal« überholen.
Die Streckenführung ist landschaftsbedingt oft unübersichtlich, daher auch auf Hauptstraßen und bei grünen Ampeln bitte nicht einfach drauflosfahren und auf Vorfahrt pochen.
Eine besondere Herausforderung für den Verkehr ist der **Winter,** selbst wenn es nicht schneit. Das beginnt schon bei der Anfahrt: Nur einige Pässe wie Brenner und Reschenpass sind ganzjährig befahrbar. Für andere gelten Wintersperre, Nachtfahrverbot oder Fahrezugbeschränkungen. Den jeweils aktuellen Stand stellt der ADAC online zur Verfügung unter adac.de/reise_freizeit.
Über die Straßen- und Verkehrslage in ganz Südtirol inkl. Sperrungen und Baustellen informiert die **Landesverkehrsmeldezentrale** unter Tel. 0471/200198 oder online unter www.provinz.bz.it/verkehr.

Verkehrsvorschriften

Auf Autobahnen und außerorts müssen Pkw und Motorräder auch tagsüber mit **Abblendlicht** fahren.
Die **Promillegrenze** beträgt 0,5, für Fahranfänger (FS noch keine 3 J.) 0,0.
Linienbusse haben in den Bergen in jeder Fahrtrichtung stets Vorfahrt.
Winterreifenpflicht S. 123.

Tempolimits in Italien/Südtirol

Straße	Tempolimit
Autobahn	130 km/h
Brennerautobahn und Schnellstraßen	110 km/h
außerorts	90 km/h
innerorts	50 km/h

Bußgelder

Auf Verstöße gegen die Straßenverkehrsordnung stehen teils erhebliche **Geldstrafen**, die europaweit und ggf. auch per Inkasso eingetrieben werden. Am besten bezahlt man gerechtfertigte **Bußgeldbescheide** noch vor Ort (etwa auf einer Polizeistation), da eine Zustellung an den heimischen Wohnort extra Gebühren kostet. Online-Zahlung und Widerspruch sind möglich unter emo.nivisecure.com.

Tanken

Kraftstoff ist auch in Italien nicht billig. Für 1 l Super zahlt man zzt. ca. 1,70 €, für Diesel 1,88 €.

Tankstellen an Autobahnen sind in der Regel rund um die Uhr geöffnet, die übrigen meist Mo–Fr 7–12.30 und 15–19 Uhr, Sa und So im Schichtdienst.

Tankautomaten gibt es vor allem an kleineren, nicht durchgehend besetzten Tankstellen. An ihnen zahlt man mit Karte oder vor dem Tanken bar einen festen Betrag. Ist die Zahlung akzeptiert, kann man die entsprechende Kraftstoffmenge tanken (Tankvorgang stoppt automatisch).

Parken

Parken ist im bergigen, kleinteiligen Südtirol stets ein Thema, allerdings sind auch so gut wie überall **öffentliche Parkplätze** ausgewiesen. Die blau gekennzeichneten sind gebührenpflichtige Kurzparkplätze (Ticket ziehen). Parkverbotsflächen sind gelb (Anlieger, Taxis ...) oder schwarz-gelb markiert. Freie Parkplätze sind weiß markiert.

Kostenpflichtige **Parkhäuser** und -garagen sind in allen größeren Ortschaften, Ferienregionen und Skigebieten vorhanden, etwa in Bozen und Meran, aber auch in in Ratschings-Jaufen, Brixen oder Bruneck.

Maut

Autobahngebühren fallen in Italien je nach Fahrzeug und zurückgelegten Kilometern an, zu bezahlen an Mautstationen in bar, mit Kreditkarte oder über die aufladbare Guthabenkarte Viacard (erhältlich an den Autobahnstationen), mit der die Mautabfertigung auf eigenen Fahrspuren meist schneller geht.

Für einen Pkw oder ein Motorrad kostet beispielsweise die 102 km lange Strecke Brenner–Neumarkt/Auer 7,90 €, ein Gespann Klasse 3 zahlt 10,80 €. **Tarifrechner** unter www.autobrennero.it, maps.adac.de.

Unfall

Nach einem Unfall sollten Sie sofort anhalten, die **Unfallstelle** sichern und Erste Hilfe leisten. Bei **Personenschaden** muss die Polizei verständigt werden (Notruf: 112). Den **ADAC Pannenhilfe Ausland** erreichen Sie bei Fahrzeugpannen und -unfällen unter Tel. +49/89/22 22 22.

Notieren Sie stets, auch bei Sachschäden, Kennzeichen, Namen und Anschriften von Fahrern und Haltern der beteiligten Fahrzeuge sowie deren Haftpflicht- und Versicherungsnummer. Ebenfalls sinnvoll sind Namen von (möglichst neutralen) Unfallzeugen und Fotografien der Unfallstelle. Unterzeichnen Sie keine Schriftstücke, die Sie nicht verstehen. Lassen Sie sich bei Problemen vom ADAC Infoservice beraten (Tel. 0800/510 11 12).

Einen Europäischen Unfallbericht und weitere Hilfestellung bei der Schadensregulierung bietet kostenfrei der Zentralruf der Autoversicherer.

Zentralruf der Autoversicherer Auskunftsstelle / GDV

■ Tel. 0800/2502600, aus dem Ausland Tel. +49 40/300 330300 (Mo–Fr 8–20 Uhr), www.zentralruf.de

Barrierefreies Reisen

Grundsätzlich ist Südtirol selbst in flacheren Teilen ein Bergland, steile Hänge, Treppen und Stiegen sind in Stadt und Land allgegenwärtig, Menschen mit Gehbehinderung und Rollstuhlfahrer tun sich hier meist schwer.

Das Informationsportal **Südtirol für alle** gibt einen Überblick über Angebote für barrierefreien Urlaub und bewertet deren tatsächliche Zugänglichkeit mit Punkten. Mehr als 600 Einrichtungen sind in den Kategorien »Unterwegs«, »Erleben«, »Essen«, »Wandern« und »Übernachten« in Wort und Bild zuverlässig beschrieben (www.suedtirolfueralle.it).

Diplomatische Vertretungen

Die Auslandsvertretungen helfen Ihnen, wenn Sie Reisedokumente verloren haben, bei personenstandsrechtlichen Angelegenheiten und bei Problemen mit italienischen Behörden.

Deutscher Honorarkonsul

■ Dr.-Streiter-Gasse 12, 39100 Bozen, Tel. 0471/972118, bozen@hk-diplo.de, Di, Mi, Fr 9–12 Uhr nach tel. Anmeldung. Zugeordnet dem Konsulat Mailand, www.mailand.diplo.de

Österreichisches Amtslokal

■ Silbergasse 6, Merkantilgebäude/ 1. Stock, 39100 Bozen, Amtslokal des Generalkonsulats Mailand, Termine nach tel. Vereinbarung, Tel. 02/77 8078-0, 0471/ 970394, www.bmeia.gv.at/gk-mailand

Schweizer Generalkonsulat

■ Via Palestro 2, 20121 Mailand, Tel. 02/ 7779161, www.eda.admin.ch/milano

Feiertage

1. Januar (Neujahr), 6. Januar (Dreikönig), Karfreitag, Ostermontag, 25. April (Tag der Befreiung Italiens), 1. Mai (Tag der Arbeit), Christi Himmelfahrt, 2. Juni (Tag der Republik/Ital. Nationalfeiertag), Pfingstmontag, 3. So nach Pfingsten (Herz-Jesu-Sonntag, Südtiroler Gedenken des Treuegelöbnisses von 1796), 15. August (Mariä Himmelfahrt), 1. November (Allerheiligen), 8. Dezember (Mariä Empfängnis), 25./26. Dezember (Weihnachten/Stephanstag).

Geld

Zahlungsmittel in Italien ist der Euro.

Banken können je nach Filialgröße unterschiedliche Öffnungszeiten haben, üblich sind Mo–Fr 8–13 und 14.45–16.30 Uhr.

Mit **EC-** und **Kreditkarten** kann man an vielen Bankautomaten rund um die Uhr Bargeld abheben. Die meisten Geschäfte, Hotels und Restaurants akzeptieren Kredit- und EC-Karte.

Kosten im Urlaub

(durchschnittliches Preisniveau)

Tasse Kaffee	2,20 €
Softdrink (Limonade)	2 €
Glas Bier (0,4 Liter)	5 €
Glas Hauswein	2 €
Viertele Wein (0,25 Liter)	4 €
Hauptgericht Restaurant Primo / Secondo piatto	12 /15 €
Eintritt staatl. Museum	3–12 €
Mietwagen/Tag	ab 80 €

Gesundheit

Gegen Vorlage der **European Health Insurance Card (EHIC)/Europäischen Krankenversicherungskarte** werden in der EU und in der Schweiz Versicherte in Italien, also auch in Südtirol, in öffentlichen Krankenhäusern und bei Vertragsärzten kostenlos behandelt. Gebühren fallen für Sonderbehandlungen und Besuche bei Spezialisten an. Sie müssen in der Regel sofort und bar bezahlt werden, eventuell werden diese Kosten im Heimatland gegen Vorlage der Quittung erstattet.
Eine private Auslandskrankenversicherung gibt Reisenden zusätzliche Sicherheit, da deutsche Krankenkassen zum Beispiel keine Krankenrücktransporte übernehmen.
Standardimpfungen gemäß aktuellem Impfkalender des Robert-Koch-Instituts (www.rki.de) sollten stets vorhanden sein. Ggf. die nationalen Impfvorschriften beachten (z. B. Corona)
Apotheken haben i. d. R. Mo–Sa 8–13 und 15.30–19, Sa bis 18 Uhr geöffnet.

Haustiere

Innerhalb der EU dürfen max. fünf nicht für den Verkauf bestimmte Hunde, Katzen und/oder Frettchen grenzüberschreitend transportiert werden. Für jedes dieser Tiere muss eine gültige Tollwutimpfung nachgewiesen und ein eindeutig zuordenbarer Heimtierausweis mitgeführt werden. Das Tier muss also mittels Tätowierung oder Mikrochip identifizierbar und die Kennzeichnungsnummer im Pass eingetragen sein.
Stets aktuelle Informationen gibt das Bundesministerium für Ernährung und Landwirtschaft, www.bmel.de.

Informationen

Broschüren und sonstige Printprodukte zur Reisevorbereitung werden nicht mehr verschickt. Wichtige und interessante Informationen, Anregungen, Tipps und Buchungsmöglichkeiten für Ihren Urlaub in allen Teilen Südtirols finden Sie sehr gut aufbereitet online:

IDM Südtirol – Alto Adige
■ Sonderbetrieb des Landes Südtirol und der Handelskammer Bozen, u. a. zuständig für das Tourismusmarketing, Tel. 0471/094000 www.suedtirol.info

Es gibt eine ganze Reihe weiterer hilfreicher Webseiten, insbesondere zahlreiche regionalspezifische Seiten. Entsprechend den Kapiteln in diesem Reiseführer beispielsweise: www.suedtirolerland.it, www.eisacktal.com, www.pustertal.org, www.kronplatz.com, www.dolomiten-suedtirol.com, www.bolzano-bozen.it, www.weinstrasse.com, www.meranerland.org, www.vinschgau.net.

Klima und beste Reisezeit

Südtirol ist auch hinsichtlich des Klimas sehr vielfältig. Während viele der Alpengipfel das ganze Jahr über schneebedeckt sind, gilt Meran als Stadt des ewigen Frühlings und Bozen als Sonnenterrasse Südtirols.
Beliebteste Reisemonate sind September und Oktober, aber in Südtirol kann man das ganze Jahr über schöne Urlaubstage verbringen. Im Winter locken die Skigebiete, im Frühling beginnt in ganz Südtirol die Freiluftsaison, im Sommer reisen auch viele Italiener aus südlicheren Regionen an und der goldene Herbst lädt ein zu Wanderun-

Festivals und Events

Januar

Dolomites Snow Festival (eine Woche im Jan., Innichen und St. Vigil, www.snow-festival.com) – Internationales Schneeskulpturen-Festival. Es gilt: Je kälter, desto besser.

Februar/März

Egetmann-Umzug (Faschingsdienstag in ungeraden Jahren, Tramin, www.egetmann.com) – Archaische Gestalten treiben den Winter aus.

Juni

Oswald-von-Wolkenstein-Ritt (1. Juni-Wochenende, Seiser Alm, Seis, Kastelruth, Völs am Schlern, www.ovwritt.com) – Bunter Reiterkorso mit Turnieren in der ganzen Region.

Oswald-von-Wolkenstein-Ritt

Juli / August

Wein-Kultur-Wochen (Ende Juli–Mitte Sept., Eppan-St. Pauls, www.weinkulturwochen.com) – Wein, Kultur und gutes Essen in hübschen Altstadtgassen.

Rittner Sommerspiele (Ende Juli–Mitte Aug., Lengmoos am Ritten, www.rittnersommerspiele.com) – Volkstheater im Freilichthof.

August / September

Meraner Musikwochen (Mitte Aug.–Mitte Sept., www.meranofestival.com) – Klassik und Romantik, Barock- und Neue Musik, Jazz, Welt- und Volksmusik.

Sarntaler Kirchtag (1. Sept.-Wochenende, Sarnthein , www.sarntal.com) – Traditionelles Kirchweihfest mit Markt, Tanz und Festumzug in Tracht.

Oktober

Kuchlkastl (1.–31. Okt., Völs am Schlern, www.voelserkuchlkastl.com) – Feine Neuinterpretationen traditioneller Rezepte.

Traubenfest (3. Okt.-Wochenende, Meran Altstadt) – Ältestes Erntedankfest in Südtirol (seit 1886), mit Musik, Tanz und großem Trachtenumzug am Sonntagnachmittag.

Stegener Markt (letztes Okt.-Wochenende, Stegen bei Bruneck) – Das bunte Treiben beim größten Markt Südtirols hat Tradition, ebenso der Keschtnbrota (Kastanienbrater) mit den ersten Maroni des Herbsts.

November

Keschtnriggl (Spätherbst/Anfang Nov., Tissens, Prissian, Völlan, Lana, www.keschtnriggl.it) – Kastanientage feiern die kulinarische Vielfalt der stacheligen Edelfrucht.

Dezember

Bozener Christkindlmarkt (Woche vor dem 1. Advent–6. Jan., Bozen, www.mercatinodinatalebz.it) – Größter Weihnachtsmarkt Italiens auf dem festlich beleuchteten Waltherplatz.

gen und Törggelen. November bis Ostern nehmen sich viele Gastbetriebe und Bergbahnen Zeit für zwei, drei Wochen Betriebsurlaub oder schließen für Instandsetzungsarbeiten.
Ein besonderer Feiertag ist Mariä Himmelfahrt am 15. August, auch bekannt als »Ferragosto«, Feiertag des Augustus. Der Tag gilt als Inbegriff des Sommers – und des Sommerurlaubs. An diesem traditionellen Ausflugstag scheint ganz Italien auf den Beinen, entsprechend voll sind die Straßen, die sich dann in Südtirol Himmelfahrtprozessionen und Freizeitverkehr teilen.

Klimatabelle Bozen

Monat	Luft (°C) (min./ max.)	Sonne (h/Tag)	Regentage
Jan.	-3 / 5	3	4
Feb.	-1 / 9	4	4
März	3 / 14	5	6
April	6 / 19	6	7
Mai	10 / 23	6	10
Juni	15 / 27	7	9
Juli	16 / 29	8	9
Aug.	16 / 28	7	9
Sept.	11 / 26	6	8
Okt.	6 / 19	5	6
Nov.	-1 / 11	3	6
Dez.	-1 / 6	3	5

Nachtleben

Für ausuferndes Feiern ist Südtirol nicht bekannt, wenngleich es auch hier etwa beim Après-Ski hoch hergehen kann. Mehr als ein Nachtlokal finden Sie in und um Bozen und Meran sowie in Brixen, in Alta Badia/Hochabtei und vor allem im Grödner Tal. Auch entlang der Weinstraße, in Eppan oder Kaltern zum Beispiel, kann es bei einem guten Tropfen schon mal später werden. Tipps und Adressen finden Sie im Hauptteil bei den jeweiligen Orten.

Notfall

Wählen Sie in Notfällen immer die gebührenfreie europäische **Notrufnummer 112** (Polizei, Feuerwehr, Rettungswagen und/oder Notarzt).
ADAC-Mitglieder können sich in Notfällen auch rund um die Uhr an den **ADAC Pannenhilfe Ausland** Tel. +49/ 89/22 22 22 wenden.

Öffnungszeiten

Die Öffnungszeiten sind je nach Art und Lage der Geschäfte unterschiedlich.
Die meisten **Einzelhandelsgeschäfte** schließen über Mittag, übliche Öffnungszeiten sind Mo–Fr 8–12 und 15–19 bzw. in größeren Städten Mo–Fr 9–12.30 und 15.30–20 Uhr, Sa oft ein, zwei Stunden kürzer, manche öffnen jedoch auch So.
Supermärkte und **Einkaufszentren** haben in der Regel durchgehend geöffnet, in touristischen Zentren oft auch sonntags (z. B. Mo–Sa 8–20, So 8.30–19.30 Uhr).
Öffnungszeiten von **Banken** und **Post** siehe Einträge Geld (S. 126) und Post (S. 130).
Kirchen und **Kapellen** sind üblicherweise tagsüber für Gläubige offen, d. h. ca. von Sonnenauf- bis -untergang. Aber seit vermehrt mit Kirchendiebstählen zu rechnen ist, bleiben wenig genutzte Gotteshäuser häufig verschlossen. Andere, vor allem die auch touristisch bedeutenden, bieten feste Öffnungszeiten. Diese sind zwar un-

einheitlich, beinhalten in aller Regel aber eine rund zweistündige Mittagspause. Generell ist der Zugang in den Wintermonaten Nov.-März/April erheblich eingeschränkt. Informationen über Öffnungszeiten und meist auch Schlüssel erhalten interessierte Besucher das ganze Jahr über in den jeweiligen Touristeninformationen, oft auch im Anwesen direkt neben der jeweiligen Kirche oder Kapelle.

Post

Postämter gibt es in allen größeren Orten, meist Mo–Fr 8.30–13.30, Sa 8.30–12.30 Uhr geöffnet.
Briefmarken sind in Postämtern, Tabakläden (Tabacchi) und den meisten Papeterien erhältlich. Post-Briefkästen zum Einwerfen sind signalrot und tragen in Goldgelb die Aufschrift »Poste« sowie im Schild darunter die vorgesehenen Leerungen. Wie »früher« ist die Urlaubspost in der Regel mindestens eine Woche, oft auch länger unterwegs.
Abzuraten ist von sogenannter »GPS-Post«, die damit wirbt, dass der Absender den Versand per App verfolgen kann. Die Briefmarken dafür sind teurer und die damit frankierten Schreiben werden von der nationalen Post nicht transportiert, man muss also erst einen gelben »GPS-Briefkasten« zum Einwerfen finden. Auch dauert die Zustellung erheblich länger, insgesamt bietet sich also keinerlei Vorteil gegenüber der Poste Italiane.

Rauchen und Alkohol

Der Erwerb und Konsum von Tabak, Zigaretten und Alkohol ist erst ab 18 J. erlaubt.
Rauchverbot gilt in allen öffentlichen und öffentlich zugänglichen Gebäuden, in Gaststätten und Büros. Im Freien darf man innerhalb gekennzeichneter Bereiche rauchen, nicht jedoch in Bozen, wo das Rauchen auf allen öffentlichen Plätzen verboten ist, an denen sich Kinder und/oder Schwangere aufhalten könnten.
In Hotels gilt das Rauchverbot in den Bereichen, die allen Gästen öffentlich zugänglich sind. Über die Zimmer entscheidet jeder Hotelier selbst. Raucher sollten sich also vor der Buchung danach erkundigen.

Sicherheit

Südtirol gilt als sehr sicheres Reiseziel. Gleichwohl können die üblichen Vorsichtsmaßnahmen helfen, unangenehme Überraschungen zu vermeiden: Keine größeren Bargeldbeträge mit sich tragen, in Menschenmengen erhöhte Vorsicht walten lassen, Wertsachen und Papiere im Hotelsafe einsperren, Auto beim Parken stets abschließen und keine Dinge von Wert darin liegen lassen.
Ein Wort noch zur Sicherheit beim **Wandern:** Überschätzen Sie sich nicht und unterschätzen Sie die Natur nicht. Selbst geübte Wanderer können unterwegs ausrutschen oder von einem Wetterumschwung überrascht werden. Neben einer sorgfältigen Vorbereitung sind daher unabdingbar: festes Schuhwerk, Regenkleidung, Erste-Hilfe-Paket, Proviant (inkl. reichlich zu trinken!) und ein aufgeladenes Handy mit eingespeicherten Notrufnummern. Weiters sind Taschenlampe, Sonnencreme und gutes Kartenmaterial von Vorteil, Wegtreue und Achtsamkeit sind selbstverständlich.

Sport

Radfahren

Für **Rennradler** stehen Tausende regulärer Straßenkilometer zur Verfügung, ein ganz besonderes Erlebnis ist sicher die Sellaronda Roadbike-Tour rings um das Sellamassiv (www.sellarondabike day.com).

Mountainbiker haben die Qual der Wahl. Für sie sind in den Bergen von Ridnaun bis zum Naturpark Trudner Horn unzählige abwechslungsreiche MTB-Trails ausgeschildert. Bei **Downhillfahrern** genießen die Dolomiten einen besonders guten Ruf (www. mtb-dolomites.com).

Auch **Genussradler** müssen nicht lange nach einer schönen Strecke suchen. Mehr als 500 km Radwege sind in Südtirol ausgewiesen, darunter so bekannte wie die Brennerradroute vom Pass bis Bozen oder der Etschradweg auf der Via Claudia Augusta zwischen Reschen und Meran. Aber auch familienfreundliche »kleinere« Routen wie der Pustertalradweg oder die flachere Runde um den Kalterer See mit Badegelegenheit zwischendurch bieten sich an.

Passend dazu können Sie mit der **bikemobil Card** vom Frühjahr bis zur ersten Novemberwoche einen Tag lang den öffentlichen Nahverkehr und ein Leihfahrrad (konventionell oder, gegen Aufpreis, E-Bike) aus den Leihstationen der Bahnhöfe nutzen. Die Rad-Mitnahme in öffentlichen Verkehrsmitteln kostet aber extra (Tagesticket Fahrrad 7 €) Das Fahrrad können Sie in jedem der teilnehmenden Betriebe (Südtirol Rad, Papin Sport und Südtirolbike) zurückgeben. (Erwachsene/Junior 6–13 J. 30/15 €, www.suedtirolmobil.info).

Reiten

Mehrere **Pony- und Reiterhöfe** bieten für Kinder und Erwachsene Reitunterricht sowie Ausritte in die wunderbaren Südtiroler Berge und Wälder an. Ideale Pferde dafür sind die aus Südtirol stammenden gutmütigen hellbraun-blonden Haflinger, die buchstäblich jedes Kind kennt – und liebt. Entsprechende Höfe sind beispielsweise über Roter Hahn (www.roterhahn.it) zu finden.

Eine andere Art von Reitsport wird am Meraner Pferderennplatz gepflegt, auf dem das ganze Jahr über Hürden-, Jagd- und Galopprennen ausgetragen werden (Meran Galopp GmbH, Freiheitsstr. 45, Meran-Untermais, www. ippodromomerano.it).

Wandern und Bergsteigen

Südtirol kann man sehr schön zu Fuß erkunden. Das gilt für die Städte und Dörfer ebenso wie für die von einem dichten Wegenetz erschlossenen Berge und Täler ringsum. Besonders beliebt sind aussichtsreiche Waalwanderungen entlang alter Wasserwege auf den Hängen etwa um Meran oder im Vinschgau. Und wer etwas höher hinaus oder hinauf möchte, findet in Südtirol sicher auch den richtigen Bergführer oder die passende Kletterschule. Sicherheitshinweise S. 130.

Verband der Südtiroler Berg- und Skiführer

■ Messeplatz 1, Bozen, www.bergfuehrer-suedtirol.it

Wintersport

Ob Alpinskifahren, Langlaufen, Rodeln, Schneeschuhwandern, Snowboarden oder jedes andere Wintervergnügen im Schnee – Südtirol ist perfekt dafür. Die beliebtesten Skiregionen sind: Alta

Südtirol bietet auch Skifahrern herrliche Bedingungen bei traumhafter Aussicht

Badia/Hochabtei, Brixen-Plose, Bozen-Ritten, Gröden, Kronplatz, Meran 2000, Ortler, Sarntal, Schlern-Rosengarten-Latemar mit Seiser Alm, Tauferer und Ahrntal, Vinschgauer Oberland und das obere Wipptal.

Dolomiti Superski heißt sowohl der größte Skiverbund der Welt als auch der Skipass, mit dem Wintersportler die Pracht genießen können: 450 Lifte und 1200 Pistenkilometer in zwölf Südtiroler Regionen (www.dolomitisuperski.com). Seit Januar 2022 ist eine Haftpflichtversicherung für Skifahrer vorgeschrieben, die 0,5-Promille-Grenze gilt nun auch auf der Piste und es gilt Helmpflicht für alle Ski-, Snowboard- und Rodelfahrenden bis 18 J.

Wassersport

In Südtirol gibt es herrliche **Badeseen,** allen voran der Kalterer See im Südtiroler Unterland. Dieser größte natürliche See Südtirols ist recht flach und erwärmt sich darum schnell, während der Freiluftsaison Mai–Sept. kann die Wassertemperatur schon mal bis zu 28 °C erreichen. Das gefällt nicht nur den Schwimmern, sondern auch den **Windsurfern.** Sie nutzen ebenso wie die **Segler** die hier teils kräftigen Berg- und Talwinde, vor allem den nachmittäglichen »Ora«. Motorboote sind auf dem Kalterer See nicht zugelassen.

Bei **Naturschwimmern** ebenfalls sehr beliebt sind der bestens erschlossene Große Montiggler See in Eppan, der Wolfsgrubener See auf dem Rittner Hochplateau, beide nahe Bozen, der waldumstandene Völser Weiher am Schlern unterhalb der Seiser Alm oder der moordunkle Issinger Weiher im Pustertal, um nur einige zu nennen.

Wasserspaß bei jeder Witterung bieten die Südtiroler **Thermen** und **Erlebnisbäder.** Oft verfügen sie über mehrere In- und Outdoor-Becken, Strömungskanal, Sole- und Whirlpools, Rutschen, Sprungbretter, Wellness-Oasen und Saunalandschaften. Der Weg ist nie weit, zur Auswahl stehen Aquafun Innichen, Acquarena Brixen, Alpinpool Meransen, AquaForum Latsch, Balneum Sterzing, Cascade Sand in Taufers, Cron4 Reischach, Erlebnisbad Naturns, Therme Meran und Meranarena, Sport-Well in Mals, Dibiasi-Hallenbad Bozen sowie Mar Dolomit St. Ulrich. Tageskarten für den Schwimmbadbereich kosten unter der Woche für Erwachsene 12–19 € bzw. 7–12 € für Kinder, nicht immer gibt es Familienkarten. Sauna und andere Extras sowie Wochenend- und Feiertagstickets kosten mehr.

Strom und Steckdose

Die **Netzspannung** beträgt 230 V, Wechselstrom 50 Hz. Anders als im restlichen Italien (Typ L) sind in Südtirol **Schuko-Steckerdosen** und **-Stecker** (Typ F) üblich, wie sie auch in Deutschland verwendet werden. Ein Adapter ist also nicht nötig.

Telefon und Internet

In Italien gehört die Ortsvorwahl zur Rufnummer und wird inklusive der »0« immer mitgewählt.
Italienische **Mobiltelefonnummern** beginnen mit »3«. Ein **Mobiltelefon** mit deutscher SIM-Karte erreichen Sie auch im Ausland unter der normalen deutschen Handynummer, eine Landesvorwahl ist nicht nötig.
Innerhalb der EU werden **Kosten** für Telefonate, SMS und verbrauchte Daten nach dem im jeweiligen EU-Heimatland gebuchten Tarif ohne Zusatzkosten abgerechnet. Allerdings beziehen nicht alle Mobilfunkanbieter die Schweiz in den EU-Tarif mit ein.
Ein **Notruf** ist vom Handy aus in allen Netzen absetzbar. Dazu das Gerät ausschalten und nach dem Wiedereinschalten statt der PIN die Notrufnummer 112 eingeben. Achtung: Eine GPS-Ortung funktioniert nicht immer, bitte legen Sie erst auf, wenn ihr Notfall-Gesprächspartner zustimmt.
Die digitale Infrastruktur ist in Südtirol nicht überall gleich gut ausgebaut, vor allem in abgelegenen Bergregionen ist manchmal **kein Netz** vorhanden oder Sie bewegen sich im Funkschatten. Dafür gibt es in den Ortschaften an den zentralen öffentlichen Plätzen und in Museen sowie in zahlreichen Cafés und Restaurants vielfach kostenlose **Hot-Spots,** die ohne Registrierung genutzt werden können (allerdings meist ungesichert).

Internationale Vorwahlen:

- Italien 00 39
- Deutschland 00 49
- Österreich 00 43
- Schweiz 00 41

Trinkgeld

In Südtirol ist es üblich, Trinkgeld zu geben, meist am Ende des Aufenthalts. Wer besonders aufmerksamen Service wünscht, sollte zu Beginn des Urlaubs dem Personal Trinkgeld geben. In Restaurants ist ein Trinkgeld von etwa 10 % üblich, in vielen Bars stehen eigene Trinkgeldbehälter auf dem Tresen.

Umgangsformen

Der übliche höfliche Umgang miteinander unterscheidet sich in Südtirol nicht von dem etwa in Deutschland. Kommentare, gar abfällige, zu Landesspezifika verbieten sich, seien es nun die Themen Mittagspause oder Volksfrömmigkeit. Versuchen Sie bitte nicht, den Dialekt Ihrer Gastgeber nachzuahmen, und bleiben Sie erst mal beim »Sie«, auch wenn Südtiroler Sie mit einem vermeintlich kumpelhaften »Du« ansprechen.

Unterkunft und Hotels

An Unterkünften herrscht in Südtirol kein Mangel, hier kann jeder nach seiner Fasson glücklich werden. Eine Ortstaxe in Höhe von 0,85–2,50 € pro Person und Nacht wird überall erhoben, Kinder unter 14 J. sind befreit. Mehrere Südtirol-Portale bieten online

Übersichten und Buchungsmöglichkeiten, nach Regionen oder nach Unterkunftsarten geordnet (www.suedtirol.info).

Eine **Auswahl empfehlenswerter Unterkünfte** in den einzelnen Regionen mit Preiskategorien finden Sie am Ende jedes Kapitels dieses Reiseführers (S. 34, 52, 78, 102 und 119).

Camping

Es gibt über 100 Campingplätze in Südtirol, in aller Regel schön gelegen und gut ausgestattet. Gleichwohl musste sich Camping unter den vielen Unterkunftsmöglichkeiten in Südtirol erst etablieren, mittlerweile nimmt das Angebot zu.

Eine Auswahl geprüfter Plätze finden Sie online bei **PiNCAMP**, dem Camping-Portal des ADAC. Die besten Plätze sind auch im »ADAC Campingführer Südeuropa« sowie dem »ADAC Stellplatzführer« gelistet, darüber hinaus ist die »ADAC Camping- und Stellplatzführer-App« für Smartphones mit Apple- oder Android-Betriebssystem erhältlich.

Ferienwohnungen

Wer im Südtirol-Urlaub den Komfort der eigenen vier Wände mit einer geräumigen, voll ausgestatteten, nicht allzu teuren und oft sehr schön gelegenen Unterkunft verbinden möchte, findet im umfangreichen Angebot von Ferienwohnungen, seltener Ferienhäusern, sicher genau das Richtige.

Mindestens drei Tage sollte ein Aufenthalt schon dauern, aber dann ist die Auswahl groß. In so gut wie jedem Tal, jedem Ort und jeder Fraktion haben die Südtiroler in ihren Häusern eine oder mehrere Wohnungen für Gäste vorgesehen, insgesamt an die 6000. Und sie sind stolz darauf, dass viele Stammgäste Jahr für Jahr wiederkommen (www.suedtirol.info).

Hotels und Pensionen

Hotels, Pensionen und Gasthöfe gibt es in Südtirol in jeder Art, Lage und Preisklasse, von der schlichten Frühstückspension bis zum 5*S-Luxus-Resort, vom zentral gelegenen Stadthotel über das ökologisch orientierte Wellnessangebot in den Bergen bis zum Chalet an der Skipiste. Die meisten sind hell, freundlich und modern ausgestattet, nur wenige atmen noch den Charme der 1960er-Jahre aus den relativen Frühzeiten des Südtirol-Tourismus, und selbst das hat schon wieder seinen eigenen Reiz.

Die Preisspannen spiegeln diese Vielfalt wider, ein Doppelzimmer kostet pro Person 30–200 €, Einzelzimmer sind ab 40 € zu haben. Pauschalangebote etwa für eine Woche sind in der Regel günstiger. Hotels und Gasthöfe bieten Hausgästen oft für relativ geringen Aufpreis von ca. 10–25 € Halbpension an.

Sanfter Tourismus ist auch in Südtirol angesagt. Die Südtiroler Gemeinden Moos, Ratschings und Villnöss etwa fördern als **Alpine Pearls** den Urlaub ohne Auto. Das beinhaltet eine sehr gute Anbindung an das öffentliche Verkehrsnetz, an Rad- und Wanderwege und Shuttleservices zu lokalen und regionalen Sehenswürdigkeiten (www.alpine-pearls.com).

Jugendherbergen

Jugendherbergen gibt es in Südtirol in Bozen, Brixen, Meran und Toblach (www.jugendherberge.it), eine weitere in Salurn (www.noldinhaus.org). Es gibt keine Altersbeschränkung.

Urlaub auf dem Bauernhof

Nicht nur mit Kindern ist Urlaub auf dem Bauernhof eine schöne und bezahlbare Art (Preise s. Ferienwohnungen), Land und Leute kennenzulernen. In Südtirol bieten mehr als 1600 Berg-, Obst- und Weinbauern Zimmer und Ferienwohnungen auf ihren Höfen an, in ländlicher Abgeschiedenheit oder stadtnah, mit oder ohne Verpflegung (oft hofeigene Produkte), meist mit Tieren auf dem Hof, immer aber mit direktem Anschluss an das Leben der Menschen vor Ort (www.roterhahn.it).

Verkehrsmittel im Land

Bahn und Bus

Der **Verkehrsverbund Südtirol** umfasst in einem einheitlichen Tarif- und Fahrplansystem die Regionalbahnen in Südtirol (Brennerlinie, Meraner Linie und Vinschgerbahn) sowie die Linienverkehrsdienste mit den engmaschig verkehrenden Bussen, Seilbahnen (Jenesien, Kohlern, Meransen, Mölten, Ritten und Vöran) sowie fest installierten Anlagen (Mendel Standseilbahn und Rittner Trambahn). Kinder unter 6 J. fahren in öffentlichen Verkehrsmittel kostenlos (www.suedtirolmobil.info).

Ein gutes Angebot ist die **mobilCard,** mit der Sie an einem Tag, an drei oder sieben aufeinanderfolgenden Tagen alle **öffentlichen Verkehrsmittel** in ganz Südtirol inklusive des PostAutos Schweiz zwischen Mals und Müstairs unbegrenzt nutzen können (Erwachsene/Junior 6–14 J. 1 Tag 20/10 €, 3 Tage 30/15 €, 7 Tage 45/22,50 €). Erweiterungen wie die **museumobil Card** oder die **bikemobil Card** (S. 131) bieten zusätzliche Vorteile: freien oder ermäßigten Eintritt in mehr als 80 Museen, Sammlungen und Ausstellungen oder inklusive Fahrradverleih (südtirolmobil-App oder www.suedtirolmobil.info).

Fahrrad

Viele Unterkünfte verleihen Räder an ihre Gäste, außerdem finden Sie **Fahrradverleihstationen** in allen Städten und Ferienregionen (www.suedtirolrad.com, www.papinsport.it).
Siehe auch bikemobil Card (S. 131).

Mietwagen

Auto- und Campervermietungen finden Sie in den Städten und größeren Orten, vorrangig in Bozen und in Meran. Für Mitglieder bietet die **ADAC Autovermietung** günstige Konditionen an. Buchen kann man in allen ADAC Geschäftsstellen, im Internet (www.adac.de/autovermietung) und telefonisch (Tel. 089/76762099, tgl. 8.30–17 Uhr).

Zollbestimmungen

Innerhalb der EU unterliegen die Güter für den persönlichen Gebrauch keinen Beschränkungen und dürfen abgabenfrei eingeführt werden. **Richtmengen** für Privatreisende sind: 800 Zigaretten, 400 Zigarillos, 200 Zigarren, 1 kg Rauchtabak, 10 l Spirituosen (Weinbrand ...), 20 l Zwischenerzeugnisse (Sherry, Portwein ...), 60 l Schaumwein, 110 l Bier, 10 kg Kaffee. Für **Wein** aus EU-Mitgliedstaaten wurde in Deutschland keine Richtmenge festgelegt, für die private Verwendung kann er in unbegrenzter Menge mitgebracht werden. Außerdem muss bei der Ein- und Ausreise nach und von Italien mehr als 10000 € Bargeld deklariert werden.
Detailliert informiert Sie der Zoll Ihres Heimatlandes über die aktuellen Zollbestimmungen (www.zoll.de, www.bmf.gv.at/zoll, www.zoll.ch).

Die Geschichte Südtirols

8000 v. Chr. Erste Siedlungen in Südtirol, in der Dolomitenregion.

15 v. Chr. Römische Legionen unter Tiberius und Drusus besiegen die keltischen und rätischen Alpenstämme.

6.–9. Jh. Bajuwaren wandern ein, offenbar meist friedlich.

1004 und **1027** Die römisch-deutschen Kaiser Heinrich II. und Konrad II. geben den Bischöfen von Trient und Brixen quasi ganz Südtirol als Lehen.

1140 Offizielle Anerkennung der im 11. Jh. auf Kosten der Fürstbischöfe groß gewordenen Gefürsteten Grafschaft von Tirol.

1363 Margarete, letzte Gräfin von Tirol, vererbt ihr Land mit Billigung der Tiroler Landstände den Habsburgern.

1526 Erzherzog Ferdinand I. lässt den Aufstand der Tiroler Bauern niederschlagen.

1796 In Bozen schwören die Tiroler Stände im »Bund mit dem göttlichen Herzen Jesu«, ihr Land für den österreichischen Kaiser zu verteidigen.

1809 Tiroler Volksaufstand gegen die bayerisch-französische Besatzung. Ein Anführer ist Andreas Hofer, der jedoch verraten und im Jahr 1810 in Mantua hingerichtet wird.

1815 Der Wiener Kongress schlägt Tirol wieder Österreich zu.

1915 Im Ersten Weltkrieg besonders heftige Kämpfe zwischen Österreich und Italien an der Dolomitenfront und am Ortler.

1919 Nach dem Krieg erhält Italien das Trentino und Südtirol bis zum Brenner.

Ab 1922 Zwangsitalienisierung Südtirols unter den italienischen Faschisten, die sich auch nach dem Zweiten Weltkrieg fortsetzt.

1939–43 Sog. »Option« unter Mussolini und Hitler: Deutschsprachige Südtiroler und Ladiner sollen nach Deutschland auswandern (»Optanten«) oder zu Hause Ruhe geben (»Dableiber«). Rund 75 000 Menschen gehen, viele kehren später zurück.

1957 Großkundgebung von Schloss Sigmundskron: 30 000 Südtiroler fordern unter der Losung »Los von Trient!« die Autonomie Südtirols.

1969 Zur Lösung der auch gewaltsam ausgetragenen »Südtirol-Frage« beschließen Österreich, Italien und die Südtiroler Landesversammlung das »Südtirol-Paket«, das spätere erfolgreiche Autonomiestatut.

1991 Fund von »Ötzi«, einer 5300 Jahre alten Eismumie, in den Ötztaler Alpen.

2015 Auf dem Kronplatz Eröffnung des sechsten und abschließenden Messner Mountain Museums.

2032 Früheste Fertigstellung des 2008 begonnenen Brenner-Basistunnels.

Andreas Hofer aus dem Passeiertal war einer der Anführer gegen die bayerisch-französische Besatzung seiner Heimat

Alle Blickpunkt-Themen in diesem Band:

Register

Bildnachweis

Titel: Val di Funes
Foto: **stock.adobe.com** (JFL Photography)

AdobeStock: Georg 2/3; PHOTOERICK 9; costadelsol 11.2; Frank 21, 81.3; henryn0580 37.3; Frank Krautschick 114 – **AWL Images:** P. Adams 58 – **Bildagentur Huber:** H.P. Huber 46, 57, 112; Lukasseck 88/89; Gräfenhain 28/29, 83; J. Huber 24; Mirau 50; R. Schmid 62/63; Römmelt 76; Stefano Cellai 111 – **Gemeinfrei:** 136 – **Getty Images:** T. Graham 3.1; F. Gentile 18/19 – **Glow Images:** 70, 84, 99, 108 – **imago:** D. Delimont 68; Südtirolfoto 79 – **Jahreszeiten Verlag:** G. Lengler 6/7, 7.1, 14/15, 92, 95; C. Körte 13.3 – **laif:** T. Linkel 2; R. Brunner 3.2; D. Denger 23, 66; D. Schwelle 26; Berthold Steinhilber 86/87 – **Langtauferhof:** Anneliese Kompatscher 120 – **Lookphotos:** O. Seehauser 8; A. Strauß 39; H. Rier/Suedtirolfoto 55.1, age fotostock 75 – **mauritius images:** M. Zwick/D. Delimont / 42/43; U. Bernhart 121; BAO/imageBROKER 100; C. Bäck 107 – **MuseumPasseier:** 97 – **seasons.agency:** G. Lengler/Jalag 37.1, 144.1; GourmetPicture Guide 35 – **Shutterstock:** MNStudio 10.1; s74 12.1; lorenza62 12.2; COLOMBO NICOLA 12.3; MoLarjung 13.1, 37.2; Creative Travel Projects 17.1; maudanros 17.3; Simone Padovani 55.2; Shaiith 61; manfredxy 90; gorillaimages 105.2; Bjoern Bernhard 117; fritz16 128; Dmitry Naumov 132; Lukasz Janyst 144.2 – **Tobias Schärtl:** 81.1 – **www.egetmann.com:** A. Braito 11.3

Postfach 86 03 66, 81630 München

Markenlizenz der ADAC Medien und Reise GmbH, München

ISBN 978-3-98645-096-0

1. Auflage 2024

Autorin: Elisabeth Schnurrer

Redaktion: Juliane Helf, Susanne Kronester-Ritter

Lektorat und Satz: Thomas Rach, www.bintang-berlin.de

Bildredaktion: Dr. Nafsika Mylona

Reihengestaltung: Eva Stadler, München; Independent Medien Design, Horst Moser, München

Kartografie: Huber Kartographie GmbH, www.kartographie.de, Kunth Verlag GmbH & Co. KG, München

Herstellung: Felix Robitsch, Mendy Willerich

Druck + Bindung: Drukarnia Dimograf Sp z o. o. (Polen)

GRÄFE UND UNZER

Ein Unternehmen der
GANSKE VERLAGSGRUPPE

Wichtiger Hinweis
Die Daten und Fakten für dieses Werk wurden mit äußerster Sorgfalt recherchiert und geprüft. Wir weisen jedoch darauf hin, dass diese Angaben häufig Veränderungen unterworfen sind und inhaltliche Fehler oder Auslassungen nicht völlig auszuschließen sind. Für eventuelle Fehler oder Auslassungen können Gräfe und Unzer, die ADAC Medien und Reise GmbH sowie deren Mitarbeiter und die Autoren keinerlei Verpflichtung und Haftung übernehmen. Alle Inhalte im Buch wenden sich an und gelten für alle Geschlechter (w/m/d). Soweit grammatikalisch männliche, weibliche oder neutrale Personenbezeichnungen verwendet werden, dient dies allein der besseren Lesbarkeit.

Ansprechpartner für den Anzeigenverkauf:
KV Kommunalverlag GmbH & Co. KG,
MediaCenter München,
Tel. 089/928 09 60

Bei Interesse an maßgeschneiderten B2B-Produkten:
b2b-kontakt@graefe-und-unzer.de

Leserservice
GRÄFE UND UNZER Verlag
Grillparzerstraße 12
81675 München
www.graefe-und-unzer.de

Umwelthinweis
Nachhaltigkeit ist uns sehr wichtig. Der Rohstoff Papier ist in der Buchproduktion hierfür von entscheidender Bedeutung. Daher ist dieses Buch auf PEFC-zertifiziertem Papier gedruckt. PEFC garantiert, dass ökologische, soziale und ökonomische Aspekte in der Verarbeitungskette unabhängig überwacht werden und lückenlos nachvollziehbar sind.

Unterwegs in Südtirol

Kurvenfans

Jaufenpass und Stilfser Joch sind nur zwei der berühmten Südtiroler Passstraßen, die bei schönem Wetter wahre Heerscharen von Motorradfahrerinnen und -fahrer begeistern.

■ Details auf S. 24 und S. 112

Pedalritter

»Südtirol Rad« nennt sich ein Netz von 18 Verleihstationen in ganz Südtirol, die Mietfahrräder für Genussradler bereithalten.

■ www.suedtirol-rad.com

Bequem mit Bus und Bahn

Weit herum kommt man in Südtirol mit der mobilCard, mit der Gäste bis zu einer Woche alle öffentlichen Verkehrsmittel der Region unbegrenzt nutzen können.

■ Details auf S. 28

Auto-Huckepack

Als Autoreisezug bringt der Urlaubs-Express Auto- und Motorradfahrer sowie ihre Gefährte von Hamburg oder Düsseldorf über München und Lörrach nach Innsbruck. Diesen Service bietet auf der Strecke Hamburg-Innsbruck auch der nightjet der Österreichischen Bundesbahnen ÖBB. Ausgeschlafen geht es dann auf der Brennerautobahn nach Südtirol.

■ www.autoreisezug-planer.de, urlaubs-express.de, www.nightjet.com

Müllers Lust

Südtirol ist ein Wanderland par excellence. Unter den vielen abwechslungs- und aussichtsreichen Waalwanderungen, Bergtouren und Themenwegen ist sicher für jeden Urlaubstyp das Richtige dabei. Die Wege sind in der Regel bestens markiert und gut gepflegt.

■ Details auf S. 31